KB213018

어머니가 들려주는 성경이야기 ❶

모든 것의 시작
- 창세기

The Beginning of Everything-Genesis

초록숲 어머니가 들려주는 성경이야기 ❶

모든 것의 시작 – 창세기

초판 인쇄 2015년 1월 20일
초판 발행 2015년 1월 30일

글쓴이 | 박숙희
펴낸이 | 박숙희
그린이 | 서아름
편집 • 디자인 | 주인선
펴낸곳 | 도서출판 초록숲
등록번호 | 505-2010-000003
등록일자 | 2010. 10. 27
주소 | 780-240 경북 경주시 형산마을안길 26호(도지동)
전화 | (054) 748-2788
팩스 | (054) 748-2788
영업(통신판매) | (02) 2665-3743
E-mail | jodonghwa@naver.com

값 15,000원
ISBN 978-89-965370-9-0
ISBN 978-89-965370-8-3(세트)

어머니가 들려주는 성경이야기 ❶

모든 것의 시작 – 창세기

The Beginning of Everything-Genesis

글·박숙희 │ 그림·서아름

초록숲

꼭 들려주고 싶은 이야기

　나는 오래전부터 꼭 이루고 싶은 소원이 있었습니다. 창조주 하나님께서 성경저자들에게 기록하게 하여 전해주신 참된 진리와 영생의 소망이 담긴 성경을 누구나가 잘 이해할 수 있는 이야기로 엮어보는 것이었습니다. 그리하여 보다 많은 사람들에게 성경의 진면목을 맛보게 해주고 싶었답니다.

　내 죄를 대속해주신 예수 그리스도를 믿음으로 영접한 이후부터 그 소망은 줄곧 내 가슴속에서 들끓기만 했습니다. 처음엔 작가이니 그 일은 어렵지 않으리라 여기고 여러 종류의 성경책들을 앞에 놓고 이 책 저 책 참고하면서 나 자신이 최종권위가 되어 성경동화를 쓰기 시작했습니다. 그러나 그 시도는 보기 좋게 실패하고 말았습니다. 나중에 안 일이지만 성경에는 『네가 진리의 말씀을 올바로 나누어 자신이 하나님 앞에 부끄럽지 않은 일꾼으로 인정받도록 공부하라.』(딤후 2:15)는 말씀이 있는데, 말씀을 나눌 줄도 모르고 공부하지도 않은 상태에서 인간적인 재능과 열성만 앞세우다 보니 옳게 될 리가 없었던 거지요. 결국 나는 하나님이 주시는 지혜와 성령님의 도우심이 없이는 이루어질 수 없는 일이라는 사실을 뒤늦게나마 깨닫고 잠잠히 기다릴 수밖에 없었답니다.

　그런데 하나님께서는 그런 나를 그리 오래 버려두지 않으셨습니다. 그분은 자신이 보존해 오신 가장 정확한 영어 킹제임스성경을 직역한 한글 킹제임스성경을 내 손에 쥐어 주셨을 뿐만 아니라, 킹제임스성경신학교에서 성경을 체계적으로 공부할 수 있는 기회까지 주셨던 것입니다. 혼과 영, 관절과 골수를 가르고 마음의 생각들과 의도들을 판별하는 참 하나님의 말씀을 자세히 공부하면서 나의 마음은 완전히 새로 벼리어졌습니다. 그러자 예전에 들끓었던 갈망이 또 한 번 새롭게 불타오르기 시작했습니다. 또 손자손녀들이 태어난 일 역시 좋은 자극제가 되었습니다. 그 소중하고 순수한 영혼들이 악한 세상풍조에 물들기 전에 하루빨리 성경말씀으로 양육해야 한다는 안타까움은 나의 글 쓰는 힘을 배가시키고, 나아가 성경동화출판을 서두르게 한 것입니다.

인간은 하나님의 뜻을 따라 살아야만 실패를 하지 않는다는 사실을 아는 이는 그리 많지 않습니다. 『모든 성경은 하나님의 영감으로 주어진 것으로 교리와 책망과 바로잡음과 의로 훈육하기에 유익하니, 이는 하나님의 사람이 온전하게 되고, 모든 선한 일에 철저히 구비되게 하려 함이라.』(딤후 3:16,17)라는 말씀 그대로, 성경은 우주와 세상, 인생의 시작과 끝이 기록된 가장 정확한 역사책이며, 하나님께서 우리를 인도해주시는 가장 훌륭한 내비게이션입니다.

동화는 어린이와 어른이 다 같이 읽고 공유할 수 있는 문학입니다. 그래서 나는 제일 먼저 이 세상의 모든 어머니들이 소중한 아기들을 안고 이 성경동화를 읽어주기를 원합니다. 어머니는 아이를 올바른 길로 인도하고 지도해야 하는 의무를 가지고 있기 때문입니다. 다음으로는 성경이 지루하고 어려워 한 페이지도 제대로 못 읽는 어른들 역시 이 동화책을 읽기를 권해드립니다. 성경은 우유, 꿀, 과일, 질긴 고기 등으로 이루어져 있지만, 이 책은 모든 말씀을 누구나 쉽게 마실 수 있는 우유로 빚어놓아 쉽게 읽을 수 있으니까요.

혼자서만 연습해온 피겨스케이팅 선수가 수많은 관중 앞에서 수줍은 마음으로 첫 선을 보이듯, 성경동화 첫 번째 책을 세상에 내놓습니다. 모쪼록 이 책이 하나님의 뜻을 알고자 하는 어린 그리스도인들과 성도들에게 성경공부의 좋은 길잡이가 되기를 기도합니다.

2015, 정월 새봄을 기다리며

박숙희

창세기를 엮으면서

성경은 하나님께서 인류를 다루시는 과정을 기록한 역사책입니다. 성경 속에는 인간의 탄생과 죄, 삶과 죽음, 그 이후의 영생과 영벌에 이르기까지 인생에 관한 모든 이야기가 들어 있습니다. 그러므로 우리 인간이 꼭 읽어야할 필독서라 할 수 있지요. 성경은 구약과 신약으로 나누어져 있고, 구약의 첫 번째 책 창세기는 B.C. 1700-1500년 사이에 기록된 것으로 추정되며, 모두 50장, 1533절로 이루어졌습니다. 이 책의 저자 '모세'는 하나님과 친구처럼 이야기하며 하나님의 말씀을 기록한 선지자로 모두 다섯 권의 성경을 기록했습니다.

창세기는 1-11장까지는 우주의 시작과 인류의 시작, 죄의 시작, 형벌의 시작 등 시작에 관한 이야기가 주를 이루고 있고, 12-50장까지는 믿음의 선조들이 하나님의 일을 어떻게 이루어 갔는지가 흥미진진하게 기록되어 있습니다. 이 책의 특징은 짝에 관한 중요한 이야기가 들어 있다는 것입니다. 맨 처음 창조된 사람 아담과 이브, 카인과 아벨, 노아와 에녹, 아브라함과 멜키세덱, 이삭과 이스마엘, 야곱과 요셉 등이 그들입니다. 또 아벨과 에녹과 노아, 아브라함, 이삭, 야곱, 요셉 등 일곱 명의 '거룩한 사람들'이 어떻게 하나님께 순종하고 그 분의 명령을 따라 믿음의 조상이 되었는지, 그들의 발자취를 따라 읽어가다 보면 성경이 단순히 신화나 종교경전으로 기록한

게 아니라 인간의 실제 역사를 기록했다는 사실을 확인할 수 있을 것입니다.

이 책은 삭제되지 않고 변개되지 않은 킹제임스성경을 저본으로 하고, 피터 럭크만 목사의 향상된 계시에 의해 주석한 주석서를 참고하여 쓴 동화로 성경을 쉽고 재미있게 이해할 수 있도록 했습니다. 또 엄마가 읽어주는 형식으로 엮어서 남녀노소 누구나가 읽어도 흥미롭습니다. 인류의 역사를 공부하는 것은 매우 중요한 일입니다.

인간이 어떻게 태어났으며, 어떻게 살아야 하고, 어디로 가는지에 대한 답을 환히 깨우칠 수 있으니까요. 어린 시절부터 인간의 진면목을 알고, 인류의 역사를 아는 일은 인생을 허비하지 않고 살아갈 수 있는 가장 올바른 지름길을 택하는 일이나 다름없습니다. 인간의 삶에서 꼭 필요한 자양분을 섭취하는 일이기도 하지요.

성경을 읽고 공부하며 자란 어린이는 결코 사춘기의 홍역을 앓거나 어긋난 길로 가거나 인생을 허비하지 않고 올바른 인간으로 자라게 됩니다. 뿐만 아니라 지혜와 명철을 갖춘 사람으로 성장하게 될 것은 틀림없는 사실입니다.

이 책을 읽는 독자 여러분에게 하나님의 크신 은혜가
임하시기를 기도합니다.

차 례

창세기 1장

새로운 시작

애들아!

이 세상이 어떻게 시작됐는지 아니?

하늘과 땅과 바다와 모든 생물들은 또 누가 만들었을까?

성경을 펼쳐보면 제일 첫 장 첫 구절에,

"태초에 하나님께서 하늘과 땅을 창조하셨느니라.(창세기 1장 1절)"

하고 기록되어 있단다. 그 말씀대로 우주의 주인이신 하나님께서 하늘과 땅을 지으심으로 세상이 시작되었어. 지금의 세상이 있기 전의 지구는 을씨년스럽기 짝이 없는 모양이었단다. 큰 재앙이 지나간 뒤였기 때문이었지. 그래서 땅은 제대로 된 모양도 갖추지 못하고 한데 엉겨 있었고, 어두움만이 가득했단다. 모든 것이 물속에 잠겨 있었거든. 하나님의 영은 그 물 위를 거닐고 계셨어.

사실, 처음부터 그런 것은 아니었단다. 하나님께서는 하나님의 명령을 받드는 천사들을 위해 처음 세상을 지으셨어. 그 천사들은 하나님의 시중을 들며 별들과 함께 아름다운 목소리로 하나님의 영광을 노래하는 일을 하던 존재들이었어. 그런데 하나님의 보좌를 호위하는 그룹들 중 '루시퍼'라는 다섯 번째 그룹이 있었단다. 하나님 다음으로 뛰어난 존재였지. 그는 하나님의 보좌 위를 덮는 '덮는 그룹'이었어. 하나님이 지으신 만물 가운데 그만큼 아름답고 지혜로운 존재는 없었다는구나(욥 41장). 그런데 그가 하나님처럼 높이 되고 싶다는 욕심을 품고 하나님께 반란을 일으켰단다. 자신이 하나님의 자리에 앉고 싶다는 욕심에서였지.

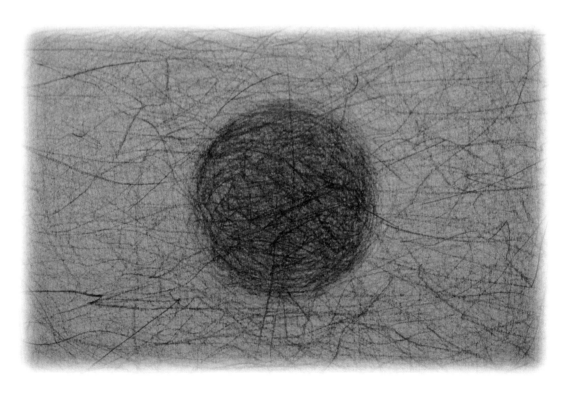

루시퍼가 하나님께 반역하자 루시퍼의 꾐에 넘어간 많은 천사들이 루시퍼를 따랐어. 하나님께서는 매우 화가 나셨지. 그래서 그들을 위해 지었던 원래의 지구를 물로 멸망시키셨단다. 그러니까 처음 지은 세상은 전 우주가 홍수에 의해 완전히 물속으로 가라앉아 버리고 말았던 거란다.

하나님 곁에서 완벽한 아름다움을 자랑하던 루시퍼는 그때, 자신의 마음처럼 흉악한 사탄으로 변해 타락한 천사들과 함께 하나님 곁에서 쫓겨나고 말았어.

하나님은 정말 마음이 아프셨을 거야. 영원히 영광 받기 위해 지으신 그들이 하나님을 배반했으니 말이야. 그래서 아버지 하나님과 아들 하나님과 성령 하나님, 즉 '삼위일체 하나님'께서 의논하신 끝에 세상을 다시 만들기로 하셨던 거란다.

첫째 날에는 빛을 만드셨어. 어두운 세상을 밝혀 주는 것이 꼭 있어야 했거든.

"빛이 있어라!"

하고 말씀하시니. 하나님의 말씀은 곧 살아 움직였어. 환한 빛이 나타나 비추자 어두움만 가득하던 천지가 금방 환히 밝아졌지. 하나님은 그 밝은 빛을 보시고 아주 기뻐하셨어. 그 빛은 태양에서 비추는 빛이 아니라 하나님 자신의 빛이었단다.

하나님은 밝은 것과 어두운 것을 갈라 밝은 것을 낮이라 하시고 어두움을 밤이라고 부르셨지. 저녁이 지나고 아침이 되니 첫째 날이 지나갔어.

둘째 날이 되자, 하나님께서는 하늘을 지으셨단다.

"물들 가운데 하늘이 있어라! 창공이 물들에서 물들을 나누게 하라."

하고 명령하시니 하나님의 말씀대로 이루어졌어. 큰 재앙을 당한 지구는 우주 전체를 가득 채운 물속에 잠겨 혼돈 가운데 있다가 하나님의 말씀으로 다시 빛 가운데로 나오게 된 것이었지. 그래서 우리 눈에 보이는 지구 위에는 대기층이라 불리는 첫째하늘이 생겼고, 대기층 바깥 너머에 우주공간이라 불리는 넓디넓은 둘째하늘이 생겼으며, 또 둘째하늘의 북쪽 가장자리, 곧 유리바다라고 불리는 거대한 물층 너머 하나님 계시는 곳을 셋째하늘이라고 한단다.

둘째하늘과 셋째하늘의 경계가 되는 물! 그 물들은 유리로 만든 바다처럼 표면이 절대온도(-273.16℃)로 얼어붙어 있어서 거대한 물층을 이루고 있어. 그것을 '깊음' 이라고 부르지. 그러니까 첫째하늘은 바로 우리의 눈에 보이는 대기권이며, 둘째하늘은 해와 달과 별들이 반짝이는 우주를 가리키고, 셋째하늘은 하나님의 보좌가 있는 곳을 말한단다.

그렇지만 둘째하늘에는 하나님이 계시는 셋째하늘에서 쫓겨난 사탄과 타락한 천사들인 마귀들이 깃들어 있는 곳으로 짙은 어두움에 휩싸여 있단다. 그래서 하나님은 둘째 날에 만든 하늘을 보시고 좋다는 말씀을 하지 않으셨어. 반역자들이 깃들어 있는 둘째하늘은 생각만 해도 기분이 좋지 않으셨거든.

셋째 날이 되었어. 하나님이 말씀하시기를,

"하늘 아래의 물들이 한 곳으로 함께 모이고 마른 곳이 드러나라!"

하시니 그대로 되었어. 물이 물끼리 한 곳으로 모이자 물속에 잠겨 있어서 보이지 않았던 울퉁불퉁한 곳이 드러났어. 하나님은 그것을 '땅' 이라고 부르시고 물들이 고여 있는 곳을 '바다' 라고 부르셨지. 그 광경을 보시고 하나님은 매우 좋아하셨단다. 그렇지만 땅 위에는 아직 아무 것도 없었어. 그래서 하나님은 그 날 스물네 시간 동안 수많은 종류의 식물을 만드셨단다.

"땅은 땅위에 풀과 씨 맺는 채소와 그 종류대로 열매 맺는 과실나무를 내라!"

하고 말씀하시니 비어 있던 땅 위에 온갖 종류의 나무와 채소와 과일나무들이 여기저기서 쑥쑥 생겨났어. 그것들은 하나님을 흐뭇하게 했지.

"야아, 보기 좋구나! 그런데 식물들이 자라기 위해선 햇볕이 있어야겠구나."

아직 해가 만들어지지 않은 상태여서 식물들이 자랄 수 없었어. 그래서 넷째 날에 하나님은,

"낮과 밤을 나누기 위하여 하늘의 창공에 빛들이 생겨나라! 그것들은 징조와 계절과 날짜와 연도들을 위해 있게 하고 땅 위에 빛을 비추어라!"

하고 명령하셨어. 그랬더니 태양이 신랑 방에서 나오는 신랑처럼 활짝 웃으며 나타나고, 달이 신부처럼 수줍은 모습으로 등장했다. 그래서 해는 밤에서 낮을 나누어 밝혀주고, 달은 어두운 밤하늘에 빛을 비추어 어둠을 쫓아낸단다. 수천억 개가 넘는 별들도 만들어 어두운 밤하늘을 지키게 하셨지.

'어두움에서 빛을 나누는 일!' 그것이 빛이 하는 일이었어. 그것들은 하나님의 명령을 따라 힘차게 돌며 낮과 밤을 열고 닫고 날짜와 계절을 만들어준단다.

다섯째 날이 되었어. 하나님은 또 갖가지 생물을 만들기 시작하셨다.

"물들아, 생명이 있는 동물들과 하늘의 넓은 창공에 많은 새들을 내라!"

하나님의 명령을 받고 날개 달린 온갖 종류의 새들이 하늘을 날아다녔어. 물속에는 큰 고래들과 크고 작은 물고기들이 종류대로 생겨나 헤엄치기 시작했지.

"흠흠, 아주 보기 좋구나!
물고기들아, 너희는 새끼를 많이 낳아 바다를
가득 채워라. 새들아, 너희도 새끼를 쳐서
땅위에 가득히 퍼지도록
하여라."

하나님은 기분 좋게 웃으시며 그들을 축복해주셨다. 그리하여 물고기는 수없이 많은 알을 낳고, 꼬리와 지느러미로 노를 저어 물속을 헤엄쳐 다니며 수천 마일씩을 오가도 지치지 않는단다. 새들도 날개를 저어 훨훨 하늘을 날고, 새끼를 쳐서 하나님의 명령대로 땅위에 가득 퍼져갔지.

　여섯째 날이 되자, 하나님께서는 땅 위의 동물들을 지으셨다.

"땅은 생물을 그 종류대로 내어라. 가축과 기어 다니는 것과 땅의 짐승을 종류대로 내어라!"

　하고 말씀하시니 온갖 생물들이 생겨났어. 땅은 점점 제 모양을 갖추어 갔지. 그런데 누군가가 그 모든 것들을 다스려야 했단다. 물고기나 새나 짐승들보다 훨씬 지혜로운 존재가 있어야만 했지. 그리하여 '사람'이란 존재를 지으셨던 거란다.

　사람을 지을 때는 특별한 방법을 따라 지으셨어. 하나님은 사람을 지을 때,

"자, 이제 우리의 형상대로 우리의 모습을 따라 사람을 만들자. 그래서 바다의 고기와 새와 가축과 모든 땅과 땅위를 기어 다니는 모든 것을 다스리게 하자."

　하고 의논하셨어. 원래부터 하나님은 '아버지 하나님'과 '아들 하나님'과, '성령 하나님'을 포함하고 있었지. 한 하나님 속에 존재하시는 세 분! 그것을 '삼위일체'라고 한단다. 삼위일체 하나님은 의논 끝에 '자신들의 형상', 즉 아버지 하나님을 닮은 혼과 아들 하나님을 닮은 몸과 성령 하나님을 닮은 영을 가진 존재로 사람을 만드셨지. 그리고 이렇게 명령하셨어.

"너희는 이 땅을 다시 채워라! 그리고 바다의 고기와 공중의 새와 땅위에서 움직이는 모든 생물들을 다스리도록 하여라."

　하나님께서는 처음 지은 세상을 없애 버리고 다시 창조하신 후 텅 비어 있

었던 땅을 다시 채우라고 하신 거란다.

그들은 아무 것도 걱정할 것이 없었어. 하나님께 필요한 것을 모두 주셨거든.

"내가 너희에게 땅에서 씨를 맺는 모든 채소와 과일들을 주었다. 그러니 너희는 그것들을 먹고 살아라."

하나님은 땅위에 살아 있는 모든 생명들에게 과일과 푸른 풀과 채소를 먹을 것으로 주시고 그들을 축복해 주셨다. 그 때는 사람이나 동물들이 과일이나 채소를 먹고 살았어. 그러니까 살아 있는 모든 생명이 먹을 것을 얻기 위해 땀 흘리거나 근심 걱정하지 않고도 편안히 살 수 있었단다. 하나님이 모든 걸 다 주셨으니 말이야.

천지창조를 모두 끝마친 후 새롭게 지으신 세상을 보시니 하나님의 마음에 꼭 들었어. 하늘들과 땅은 제 모양을 갖추고 잘 정리되었지. 하늘에는 해와 달과 별들이 빛을 내었고, 땅위에는 온갖 꽃과 나무가 쑥쑥 자랐으며, 동물들이 산과 들을 즐겁게 뛰노는 모습을 보시며 하나님은 기뻐하셨단다.

"야아! 참으로 보기 좋구나! 정말 좋구나!"

온갖 새들이 노래하는 에덴동산을 바라보시며 하나님은 진심으로 기뻐하셨어. 새벽별도 천사들도 하나님이 지으신 세상을 보고 모두 감탄하고 기뻐하며 노래했지.

여섯째 날도 지나고 일곱째 날이 되자 하나님은 창조를 모두 끝내시고 쉬셨어.

하나님은 그 날을 안식일로 정하여 그 날을 복주시고, 거룩하게 하셨지. 그리고 새로운 아침이 오기를 기다리며 인류의 역사를 시작하셨단다.

창세기 2장
아담과 이브

　그러면 사람은 어떻게 지어졌을까?

　하나님은 땅의 흙으로 사람의 모습을 만드셨어. 눈과 코와, 입과 귀와 온 몸을 만드시고 콧구멍에다 생명의 호흡을 후~ 불어넣으셨지. 그러자 흙으로 만든 그가 살아 움직이는 혼이 되었단다. 서른 살 가량 된 남자였지. 흙으로 만들었다하여 이름을 '아담(갈색 흙먼지)' 이라 불렀어.

　하나님은 사람을 만드실 때, 착하고 거룩한 성품을 주셨지만, 무엇이든 마음대로 선택할 수 있는 자유의지도 함께 주셨단다. 사람을 종으로 부리려고 지으신 것이 아니라 사랑의 대상으로 지으셨기 때문이지.

하나님은 자신이 지은 사람이 영원히 행복하게 살기를 원하셨어. 그래서 아
담에게 하나님이 지으신 모든 것들을 지키고 다스리는 세상의 왕이 되게 하

셨지. 그리고 네 강이 시작되는 큰 샘이 있는 에덴의 동쪽에 기름지고 아름다운 동산을 만들어 그곳에 살게 하셨단다.

하나님은 그 동산에 온갖 과일나무들을 자라게 하시고 아담에게 그 과일을 먹고 살도록 하셨다. 어디서나 맛있는 과일이 주렁주렁 열려 있고, 어여쁜 새들이 노래하고, 춥지도 덥지도 않는 기쁨의 동산! 그 동산에서 아담은 아무 걱정 없이 살았다.

에덴동산에는 금은보석이 돌멩이처럼 흔했고, 온갖 꽃들이 피었으며, 나무들은 사시사철 맛있는 열매들을 주렁주렁 달고 있었지.

그 많은 나무들 중에는 특별한 나무 두 그루가 있었어. 그 열매를 먹으면 영원한 생명을 주는 '생명나무'와, 선과 악을 알게 해주는 '지식의 나무'였단다. 지식의 나무 열매는 신맛과 단맛이 나는 과일로 바로 포도였단다. 하나님은 아담에게 먼저 마음대로 먹을 수 있는 수많은 나무를 보여주신 후, 특별한 명령을 내리셨단다.

"아담아! 이 동산의 모든 나무에서 나는 열매는 네가 다 먹을 수 있다. 그러나 선과 악을 알게 하는 지식의 나무에서 나는 열매는 먹지 말아라. 네가 만일 그것을 먹는 날에는 반드시 죽을 것이다!"

"네, 알겠습니다. 하나님의 말씀을 지키겠습니다."

하나님의 명령은 에덴동산의 법이었어. 하나님과 아담이 맺은 언약이었지. 그 법만 잘 지키면 사람에게는 아무 문제도 일어나지 않았을 거야. 그런데 그 때, 하나님의 말씀을 몰래 엿들은 염탐꾼이 있었단다. 하나님처럼 높아지려다 하늘에서 쫓겨난 사탄이었지. 사탄은 행복한 에덴동산에 몰래 숨어들어와 발붙일 곳을 찾다가 아담이 하나님과 주고받는 말을 엿듣다가 귀가 번쩍 뜨였단다.

"흐흐흐. 절호의 기회가 왔군. 하나님이 계시는 셋째하늘에서 쫓겨났으

니 땅에서라도 제일 높은 자리를 차지해야지. 하나님이 아담에게 세상을 다스리는 권세를 주셨으니 아담을 죽이면 세상은 내 것이 되는 게 아닌가?"

사탄은 기회를 봐서 아담을 죽이기로 결심하고 적당한 때를 기다리며 숨어 있었어.

그런 것도 모르고 아담은 동물을 다스리느라 열심이었단다. 하나님은 아담이 어떻게 하나 보려고 지으신 짐승들과 새들을 아담 앞으로 데려와서 아담 앞으로 지나가게 하셨어. 아담이 모든 생물의 이름을 불러주니 아담이 뭐라고 부르든지 그것이 그들의 이름이 되었지. 사자, 독수리, 토끼, 곰, 까치, 사슴 …. 오늘날까지 부르는 짐승과 공중의 새와 모든 생물들의 이름은 아담이 지은 것이었단다. 아담은 하나님이 지으신 동물들과 함께 놀며 지냈어. 그렇지만 동물이나 가축들은 아담을 도와주거나 친구가 되어주진 못했지.

"흐흠…. 남자가 혼자 지내는 것이 힘들겠구나. 그를 돕는 사람을 지어야겠다."

하나님은 아담을 딱하게 여겨 아담을 깊이 잠재우시고 아담이 잠시 죽어 있는 동안 그의 다섯 번째 갈비뼈를 빼내어 여자를 지어 아담에게 데려다주셨지. 아담은 자신의 갈비뼈로 만든 여자를 사랑스럽게 바라보았어.

"아아, 내 뼈와 살로 만든 사람이구나! 남자에게서 얻었으니 여자라 해야겠다."

아담은 여자를 아내로 맞이했어. 그때부터 남자가 결혼을 하면 부모를 떠나 자기 아내와 한 몸이 되어 살면서 자녀를 낳고 가정을 갖게 되는 거란다.

아담과 그의 아내는 아무 것도 걸치지 않고
벌거벗은 채로 지냈지만 조금도
부끄럽지 않았단다. 죄를 모르는
아기들이 발가벗고 다녀도
부끄러움을 모르듯이.

그들이 사는 에덴동산은 모든 것이 다 갖추어져 있어서 정말 살기가 좋았단다.

춥지도 덥지도 않고, 어디나 아름다운 풍경이 펼쳐져 있었으며, 여기저기서 맑은 물이 졸졸 흐르고, 나무들은 맛있는 과일들을 주렁주렁 달고 있어서 양식을 삼기에 충분했거든. 짐승들은 순해서 독사와 개구리가 친구가 되고, 사자와 토끼가 함께 놀았지. 아담은 호랑이와 씨름을 하며 놀고, 여자는 뱀을 귀여워했어. 그때의 뱀은 덩치도 크고 머리를 들고 걸어 다녔지. 총명하고 귀여워서 여자가 동산을 거닐 때면 꼭 데리고 다니며 함께 놀았단다. 그 평화로운 기쁨의 동산에서 아담과 그의 아내는 아무런 걱정 근심 없이 행복하게 살았어.

그 곳은 죽음이나, 전쟁, 가난, 질병이라곤 전혀 없는 아름다운 낙원이었지. 배가 고프면 지천으로 열린 과일을 따먹으면 되었고, 하나님과 친구처럼 이야기를 나눌 수 있었지.

하나님의 말씀을 따라 살고 죄를 짓지 않으니 근심할 일도 없었지. 그러니 어려울 것이 조금도 없었단다. 바쁜 일로 뛰어다니지 않아도 되고 먹을 것을 위해 땀 흘릴 필요도 없었지. 그리고 하나님의 명령을 잘 지켜 '죄'라는 걸 몰랐으니 괴로울 일이 전혀 없었단다. 아담과 이브는 하나님이 마련해 주신 에덴동산에서 어디에나 지천으로 달려있는 과일을 양식으로 삼았고 최고로 좋은 기온 속에서 아무런 탈 없이 즐겁게 살 수 있었어.

창세기 3장
타락한 인류의 조상

아담과 그의 아내는 모든 것이 완전하고 평화로운 동산에서 정말 행복하게 살고 있었어. 어느 날, 여자가 아담과 떨어져 혼자서 지식의 나무를 바라보고 있을 때였어. 사탄은 무릎을 쳤어.

"야! 좋은 기회가 왔다! 여자를 꾀어 저 열매를 따먹게 만들어야지."

사탄은 여자가 귀여워하는 뱀에게로 들어가 여자에게 다가가 은근하게 물었지.

"지식의 나무 열매는 언제 보아도 탐스럽고 먹음직스럽죠? 그런데 왜 당신들은 저렇게 좋은 나무의 열매를 따먹지 않고 군침만 흘리죠? 하나님께

서 동산 모든 나무의 열매를 먹지 말라고 하셨나요?"

여자는 뱀의 말을 듣고 어깨가 으쓱해져서 뱀에게 자랑이 하고 싶어졌지.

"아니야. 하나님께서는 우리에게 다른 나무들의 열매는 모두 먹을 수 있지만 동산 가운데 있는 나무의 열매는 먹지도 말고 만지지도 말라고 하셨어. 그랬다간 혹시 죽을지도 모른다고 말씀하셨단다."

헉! 큰일 났어. 어떡하지? 여자는 세상에서 처음으로 거짓말쟁이가 되고 말았어. 하나님께서는 여자에게는 그런 말씀하신 적이 없었거든. 하나님은 아담에게만,

"아담아, 네가 지식의나무 열매를 먹는 날에는 '반드시 죽을 것이다!'

하고 말씀하셨어. 뿐만 아니라, 하나님은 원래 여자에게는 남자와 똑같은 권리를 주신 적이 없었단다. 그런데, 여자는 '우리'라는 말로 자신이 남자와 똑같은 권리를 가진 척했어. 또 '마음대로'라는 말씀은 쏙 빼버리고 '만지지도 말라.'라는 말을 덧붙였지. 그뿐이 아니야. 하나님은 '반드시 죽으리라!' 하셨는데 여자는 '혹 죽을 수도 있다.'고 말을 바꿨어. 그러자 뱀은 음흉하게 웃으며 여자를 부추겼지.

"하하, 맞아요. 꼭 죽지는 않는답니다. 당신들이 저 열매를 먹으면 눈이 열려 선과 악을 아는 신이 될까봐 하나님이 그렇게 되지 못하게 하려는 거라고요."

"그래? 정말 하나님께서 우리가 하나님처럼 될까봐 두려워서 그러셨을까?"

"그렇고 말구요. 자, 한 알 따먹어 보세요. 그러면 굉장히 지혜로워 질 거예요."

뱀의 말은 그럴듯했어. 여자가 보니 그 열매는 정말 군침이 돌 정도로 먹음직스러웠거든. 보기도 좋고 탐스러워 한 알만 먹어도 굉장히 지혜롭게 될 것 같았지.

"그런데…. 정말 따먹어도 괜찮을까? 하나님이 먹지 말라고 하셨는데…."

"괜찮다니까요. 어서 따먹어 보세요! 어서!"

그 열매를 절대 따지 말라는 하나님의 말씀이 잠시 양심을 찔렀어. 아아, 큰일 났어. 절대 그 열매를 따먹으면 안 되는데! 하지만 여자는 열매를 따라는 사탄의 유혹에 못 이겨 열매를 따고 말았어. 새콤달콤한 지식의 나무 열매는 감칠맛이 있었지.

"햐! 정말 기막히게 맛있네. 네 말이 맞았어!"

"그렇죠? 그럼 어서 아담에게도 맛보게 해주세요."

뱀의 꼬드김에 넘어간 여자는 얼른 아담에게로 달려갔어. 아담은 아내의 하얀 피부가 핑크빛으로 물들어 있는 걸 보았어. 그 때까지 사람에게는 피가 없었는데, 하나님이 금하신 지식의 나무열매를 먹고 피가 생겼기 때문이라는 것을 아담은 금방 알아챘지. 그러나 아담은 하나님이 금하신 열매라는 것을 알면서도 여자가 주는 그 열매를 먹고 말았단다. 사랑하는 아내와 운명을 함께하기 위해서였지. 그러자 정말 두 사람의 눈이 열리고 새로운 지식이 생겼어.

"어? 우리가 그동안 벌거벗고 있었네? 아이고 부끄러워!"

그들은 처음으로 자신들이 벗고 있다는 '지식'을 얻었어. 짐승들은 모두 옷을 입고 있는데 자신들만 벗고 있다는 것을 알게 된 그들은 깜짝 놀랐어. 하나님께 죄를 지었다는 사실을 깨달았기 때문이었지. 그 순간, 아담은 '하나님의 형상'을 잃고 말았어. 하나님의 형상인 '영과 혼과 몸'을 따라 지어졌던 아담의 '영'이 죽어버린 거지. 그 때부터 사람의 혼은 몸에 딱 들러붙어 몸의 종이 되고 말았던 거란다.

"히히히, 저 바보들이 내 말을 곧이듣고 지식의 나무 열매를 먹었다. 이제 아담은 영이 죽었으니 천지만물을 다스릴 수 없게 됐어. 세상은 내 것이야! 아, 통쾌해!"

사탄은 좋아서 펄쩍펄쩍 뛰고 야단이었지만 아담과 그의 아내는 당황하여 얼른 나뭇가지 뒤로 숨기 바빴단다. 자신들이 벌거벗은 모습을 보면 모두가 흉볼 것만 같고, 서로가 보기에도 어색했지. 둘은 무화과나무 잎을 따서 부끄러운 곳을 가렸어.

　날이 서늘해지는 저녁 무렵, 하나님을 만나는 시간이 되었어. 동산을 거니시는 하나님의 기척이 들려오자 아담과 그의 아내는 하나님의 눈을 피해 숲 속의 나뭇가지 사이로 황급히 숨었어. 그걸 보신 하나님께서 아담을 부르셨단다.

　"아담아, 네가 어디 있느냐?"

　아담은 하나님의 호통 소리에 깜짝 놀라 얼른 몸을 숨긴 채 대답했어.

　"네? 네, 하나님의 음성을 들었지만 제가 벌거벗고 있어서 숨었습니다."

　"뭐라고? 누가 널 벗었다고 말해주더냐? 내가 네게 먹지 말라고 명령했던 그 나무의 열매를 먹었구나!"

"네…. 하나님께서 나와 함께 있도록 주신 여자가 그 나무열매를 주기에…."

아담은 하나님의 무서운 다그침에 당황하여 자기 잘못을 여자 탓으로 돌렸어. 하나님은 아담이 용서해달라고 빌면 용서해주시려고 기다렸지만 그들은 자신의 잘못은 뉘우치지 않고 남을 탓하기 바빴지. 더욱 노하신 하나님은 여자를 다그치셨어.

"여자야! 너는 어찌하여 그렇게 엄청난 잘못을 저질렀느냐?"

"저어, 뱀이 나를 꾀어서…. 그래서…."

여자도 제 잘못을 뱀 탓으로 돌렸어. 하나님께서는 노한 음성으로 뱀을 무섭게 저주하셨지.

"네가 이런 엄청난 일을 저질렀으니 너는 저주를 받아 모든 짐승 가운데서 가장 천한 미물이 될 것이다. 너는 배로 기어 다닐 것이며, 네 평생토록 흙을 먹고 살아야한다. 또 너와 여자 사이에, 네 씨와 여자의 씨가 원수가 되게 하리니 여자의 씨는 너의 머리를 부술 것이요, 너는 그의 발꿈치를 물 것이다."

하나님은 뱀인 사탄에게 저주를 내리신 후에 여자에게도 큰 벌을 내리셨어.

"네게는 임신의 고통을 크게 더하리라. 너는 고통 가운데서 자식들을 낳을 것이요, 남편을 바라보고 살 것이며, 네 남편은 너를 지배할 것이다."

아담이라고 그냥 넘어가지 않았어. 아담에게 내린 벌도 아주 무거웠지.

"너는 아내의 말을 듣고 내가 네게 먹지 말라고 명령한 나무열매를 먹었다. 그 때문에 땅이 저주를 받아 네 평생 동안 고통 중에서 먹을 것을 얻어야 할 것이다."

"네? 이젠 나무 그늘에서 편히 놀며 과일이나 따먹고 살 수 없단 말씀입니까?"

"그렇다. 땅은 네게 가시나무와 엉겅퀴 같은 잡초를 낼 것이니, 너는 그 잡초를 뽑아내고서야 곡식이나 채소를 먹을 수 있을 것이다. 그리고 네가 땅으로 돌아갈 때까지 얼굴에 땀을 흘려 먹을 것을 얻어야 한다. 그리하여 너는 결국 흙으로 돌아갈 것이니, 그건 네가 땅의 흙으로 지어졌기 때문이다."

하나님의 벌은 너무 무서웠어. 그렇게 평화롭고 아름답던 에덴동산은 평화가 산산조각 나고, 아담 대신에 저주를 받은 땅은 슬픔의 땅으로 변하고 말았단다. 하나님과 아담의 약속이 깨어졌기 때문이었지.

그 후, 아담은 여자의 이름을 이브라고 지어주었어. '모든 생명의 어머니'란 뜻으로 지은 이름이었대. 하나님께서는 죄를 지은 아담과 이브 대신 어린양을 죽여 피를 흘리게 하고 그 가죽으로 옷을 만들어 죄 지은 두 사람에게 입혔어.

두 사람이 지은 죄 대신 어린 양의 피로 그들의 죄를 가려주셨던 거지. 처량하게 풀이 죽어 날마다 저녁이면 말라죽고 마는 무화과 잎을 따서 옷을 만들어 입어야 하는 그들을 불쌍히 여기셨던 거란다. 그건 자비로우신 하나님이 인간에게 주시는 고마운 선물이었지. 언젠가 먼 후일에 태어날 아담의 후손들이 어린양의 피로 죄 씻음을 받게 될 선물이라는 사실을 예표(미리 보여주는 것)하는 것이기도 했어.

죄란 하나님의 말씀을 지키지 않고 어기는 거란다. 하나님의 말씀을 어기고 타락한 골치 아픈 아담을 두고 삼위일체 하나님은 또다시 의논하셨단다.

"아담이 지식의 나무 열매를 따먹고 우리처럼 선과 악을 알게 됐다. 이제 그가 생명나무 열매도 따먹고 영원히 살게 되면 큰일이니 아담을 에덴동산에서 쫓아내도록 하자."

하나님은 에덴동산에서 아담을 쫓아내시고 날개달린 그룹들을 보내어 계속 돌아가는 불타는 칼로 생명나무를 지키게 하셨다. 이제 그들은 에덴동산으로 돌아갈 수가 없게 되었어. 뜨겁게 불타는 칼이 가로 막고 있어서 동산 근처에도 갈 수가 없게 되었단다.

"다시는 그런 잘못을 저지르지 않겠습니다. 한번만, 한번만 용서해주소서."

"아아, 하나님! 저희가 잘못했습니다. 용서해주세요."

아담과 이브는 빌고 또 빌었겠지.

그렇지만 한 번 깨어진 약속은 다시 돌이킬 수 없었단다.

창세기 4,5장
카인과 아벨

아담과 이브는 선과 악을 아는 지식의 나무열매를 따먹고 영이 죽은 사람이 되어 육체의 길을 따라 슬픈 나그네 인생길을 떠나야 했어. 에덴동산을 떠난 아담은 땅을 갈아 농사를 지으며 살았어. 그렇지만 그건 쉬운 일이 아니었단다. 아담의 죄로 인해 저주를 받은 땅이 옛날 같지 않았기 때문이었지. 땅은 끊임없이 잡초와 엉겅퀴들이 돋아나고 쉴 새 없이 땀 흘리며 풀을 뽑아내지 않으면 곡식을 거둘 수가 없었어. 에덴동산에서는 힘들게 일하지 않아도 각종 나무에서 열리는 과일을 따먹기만 하면 되었지. 그런데 이젠 그런 행복은 꿈에서나 있었던 일처럼 되고 말았어. 에덴동산을 떠난 후론 땀 흘려 일군 땅

에서 자란 곡식이나 채소로 목숨을 이어가야만 했으니 말이야.

세월이 흘러, 이브는 아기를 잉태하여 아들을 낳았어. 이브는 하나님이 자기를 버리지 않고 아들을 주신 거라고 생각하고 기뻐했단다. 그래서 아기 이름을 '하나님이 주신 아들'이란 뜻으로 '카인'이라고 짓고, 그의 아우는 '아벨'이라 지었어.

"주 하나님께서 내게 주신 이 아이가 나를 불행하게 만든 원수를 갚아줄 거야."

하고 이브는 좋아했지만 그건 잘못 알았던 것이었어. 이브는 하나님께서 뱀을 저주하실 때 여자의 후손이 사탄의 머리를 부술 거라고 하신 말씀을 오해했던 거지. 그 말은 먼 후일에 태어날 '메시아'가 동정녀인 '여자의 후손'으로 태어나 세상에 오셔서 사탄의 머리를 쳐부술 거라는 뜻으로 하신 말씀이었는데, 이브는 그걸 잘못 알아듣고 자신이 낳은 아들이 사탄의 머리를 부수고 자신을 불행하게 만든 원수를 갚아줄 거라고 생각했던 것이었어.

많은 세월이 흘러갔다. 두 아이는 무럭무럭 자라 카인은 농사짓는 사람이 되었고, 아벨은 양치는 목자가 되었어.

한 해가 끝날 무렵, 일 년 동안 땀 흘려 곡식과 채소를 가꾼 카인은 자신의 노력으로 거둔 것을 가져와 하나님께 제사를 드렸어. 아벨도 자기가 기른 양떼 가운데서 맨 처음 난 통통하게 살찐 어린 양을 가져와 제물로 드렸지.

부모님에게서 자신들이 죄를 짓고 어린 양의 피를 흘린 대가로 가죽옷을 얻어 입은 이야기를 듣고 자란 아벨은 어떤 제물을 드려야 하나님께서 기뻐하신다는 것을 알았어. 그래서 어린양을 잡아서 '피의 제사'를 드렸단다. 하나님이 원하시는 제사는 피 제사라는 걸 알았거든.

하나님께서는 아벨이 드린 제물을 기쁘게 받으셨어. 그 표시로 아벨이 쌓은

제단에는 하늘로부터 불이 내려와 제물을 살랐어. 그러나 카인이 쌓은 제단의

제물은 그대로 남아 있었단다. 카인은 하나님은

믿을 게 못 된다는 생각으로 자신의 정성과

노력으로 거둔 것을 하나님 앞에 자랑

하고 싶었지만 하나님은 카인의

제물을 조금도 기뻐하지

않으셨던 거야.

자신이 저주를 내린 땅에서 자란 제물을 기뻐 받으실 턱이 없었지. 그런데도 카인은 억울한 마음에 투덜거렸어.

"아니, 하나님은 아벨의 제사는 받으시면서 내가 온갖 정성을 다해 키운 곡식으로 마련한 제물은 왜 안 받으시는 거지?"

하나님의 뜻을 따르지 않고 자기 뜻대로 제물을 드려놓고도 카인은 화가 나서 얼굴이 붉으락푸르락했어. 하나님께 대들어 따지고 싶었지. 그렇게 땀을 흘리며 정성들여 가꾼 채소와 곡식들을 받지 않고 외면하시는 하나님을 도저히 이해할 수가 없었던 거야. 그런 마음을 훤히 아신 하나님께서 말씀하셨어.

"카인아, 네가 왜 화를 내고 안색이 변하느냐? 네가 옳은 제물을 드렸으면 너의 제물이 어찌 받아들여지지 않았겠느냐? 올바르게 행동하지 않으면 죄가 마음을 지배하기 마련이다. 그러면 죄의 종이 된다. 그러니 너는 네 마음을 다스려 널 넘어뜨리려는 죄를 막도록 하여라."

그렇지만 카인은 하나님의 말씀이 귀에 들어오지 않았어. 그저 아벨에게 질투가 나서 견딜 수가 없었지. 카인은 아벨만 하나님 앞에 칭찬 받는 것도 얄미워 견딜 수 없었고, 자신의 제물을 받아주지 않는 하나님도 원망스럽기만 했단다.

어느 날 카인은 아벨이 혼자 들판에서 양을 치고 있는 것을 보았어. 카인은 아벨에게 다가갔지. 그런데 아벨은 얄밉게도 카인을 보자 또 제물이야기를 꺼냈단다.

"형! 하나님께서 왜 형의 제물을 받지 않으시는 줄 알아? 우리 부모님이 하나님의 말씀을 어기고 죄를 지어 에덴동산에서 쫓겨날 때, 하나님께서 우리 부모님의 죄 대신 양의 피를 흘리게 하고 가죽옷을 지어 입혀 내보내셨다는 이야기를 우린 늘 듣고 자랐잖아?"

"그래서 어쨌다는 거야?"

"그건 우리가 하나님께서 원하시는 제사를 드리라고 가르쳐주신 거야. 하나님은 우리 죄를 없애줄 피를 바라시는 거야. 그러니 형도 피의 제사를 드리도록 해봐."

"뭐? 그럼 내 죄를 위해 네가 대신 죽어 피를 흘려줄래? 내 제물이 되어보라고!"

카인은 화가 치밀어 도저히 참을 수 없었어. 카인은 미친 듯이 아벨에게 달려들어 그를 죽이고 말았단다. 그리고 아무 일도 없었다는 듯이 시치미를 떼고 집으로 돌아왔지. 세상에 제일 처음 태어난 인간이었던 카인은 세상에서 제일 먼저 살인자가 된 것이었어. 그러나 그 모든 것을 아시는 하나님께서 카인을 부르셨단다.

"카인아! 카인아! 네 아우 아벨이 어디 있느냐?"

"나는 모릅니다. 내가 아우를 지키는 자입니까?"

"네가 무슨 짓을 했느냐? 네 아우의 피가 땅에서부터 내게 부르짖느니라."

카인은 거짓말로 자신의 죄를 감추려했지만 모든 것

을 아시는 하나님은 제 마음대로 사탄의 성질을 부린 카인의 악함을 무섭게 꾸짖으셨단다.

> **"땅이 입을 벌려 네 손으로 죽인 네 아우의 피를 받았으니, 이제부터 너는 땅으로부터 저주받을 것이다."**

카인은 세상에서 처음으로 저주받은 인간이 되고 말았단다. 그뿐이 아니었지.

> **"이젠 네가 농사를 지어도 땅은 전처럼 곡식이 자라지 않을 것이고, 너는 이 땅에서 쫓겨 다니는 도피자와 두려워 떨며 살아야 하는 유랑자 신세를 면하지 못할 것이다."**

> **"하나님, 너무합니다. 제게 내린 벌이 너무 커서 감당할 수가 없습니다. 하나님께서 나를 외면하시고 이 땅에서 쫓아내어 도망자와 유랑자 신세가 되게 하시면 나는 어쩌란 말입니까? 나를 만나는 사람마다 동생을 죽인 죄인이라고 죽이려 할 텐데 어떻게 살아가란 말입니까?"**

카인은 자기 잘못을 뉘우치기는커녕 오히려 억울하다고 불평했어. 자비로우신 하나님은 카인의 죄는 미웠지만 아담을 봐서 카인에게도 자비를 베풀어 주셨어.

> **"너를 죽이는 자는 일곱 배나 벌을 받도록 할 테니 걱정 말고 떠나라. 이 표는 너를 보호해 주기도 하겠지만 또한 너 자신이 죄인이란 사실을 잊지 말라는 표이기도 하다는 사실을 명심하여라."**

하나님께서는 카인의 이마에 표를 찍어 아무도 그를 손대지 못하게 해 주셨다.

카인은 하나님 앞을 떠나 에덴동산의 동쪽 '놋' 이라는 땅으로 갔어. 카인은 그 때부터 처량한 신세가 되었지. 누가 쫓지 않아도 쫓아오는 것 같고, 모든 사람이 살인자라고 손가락질하는 것 같아 두려워 떨며 살아야 하는 유랑자 신세가 되고 말았다.

하나님의 저주를 받아 농사도 지을 수도 없게 된 카인은 놋 땅에다 도시를 세웠어. 그리고 누가 쳐들어올까 봐 높은 성을 쌓고 숨어 살았지. 성의 이름을 아들의 이름을 따라 에녹성이라 불렀단다.

세월이 흐르면서 카인의 후손들은 수많은 자손을 낳았어. 그리고 인구가 점점 늘어갔다. 그러나 하나님의 축복을 받지 못하는 그들은 밭을 갈아도 좋은 열매를 얻을 수 없었어. 그러니 농사도 짓지 못하고 가축을 기르는 기술을 연구하여 먹을 것을 얻어야 했단다. 그들은 스스로를 보호하기 위해 무기를 만들고, 사람들의 눈길을 끌기 위해 도시와 성을 가꾸기 시작했어.

농사를 짓지 못하는 카인의 후손들은 도시인이 되어 세상을 복잡하게 만들었다. 그들은 하는 일마다 하나님이 싫어하는 짓만 골라 했지.

카인의 4대손 라멕은 하나님이 정해주신 법을 어기고 두 아내를 얻었어. 원래 부부는 두 사람이 한 몸이 되어 살도록 하셨지만, 라멕은 자기 마음에 드는 대로 치장하기 좋아하고 쾌락을 좋아하는 아다와 실라라는 두 여자를 아내로 얻었단다.

아다는 라멕에게서 야발과 유발이라는 아들을 낳았어. 야발은 가축을 기르는 조상이 되었고, 그의 아우 유발은 하프와 오르간을 다루는 음악가들의 조상이 되었지. 음악은 맨 처음 하나님의 아들들이 하나님의 보좌 앞에서 하나님의 영광을 찬양하기 위해 만들어진 것이었단다. 그런데 유발은 하나님 대신 인간의 마음을 즐겁게 하는 음악을 만들었어. 그리고 자신들의 괴로움을 위로하고 그 음악에 맞추어 자신을 즐겁게 하는 춤을 추고 노래하면서 하나님을 잊어갔다.

라멕의 또 한 아내인 실라는 투발가인이라는 아들과 딸 나아마를 낳았다. 투발가인은 놋과 철로 살아가는 데 필요한 온갖 도구들을 만들어내는 기술자였지. 그는 놋과 철로 전쟁무기를 만들어 적이 쳐들어오지 못하도록 하고, 편리한 기구를 만들어 사람을 편히 살도록 하는 사람들의 조상으로 높임을 받았다.

카인의 후손들은 하나님 없이 자신들의 힘으로 살기 좋은 세상을 만들고, 문명을 발달시켜갔어. 그러나 인간의 문명이 발달할수록 세상은 더욱 악해졌단다. 가는 곳마다 싸움이 그치지 않고 예사로 사람을 죽이고 하나님의 마음을 아프게 했다.

카인이 동생을 죽이고 하나님 앞에서 쫓겨난 뒤로 이브는 울며 한탄했어.

"흑흑, 나는 박복한 어미구나! 한꺼번에 두 아들을 잃다니. 카인이 태어났을 때, 하나님께서 주신 아들이라고 얼마나 좋아했던가? 그런데 하나님의 버림을 받다니! 이런 기막힌 일이 또 어디 있단 말인가…"

슬픔에 잠긴 아담 부부를 불쌍히 여기신 하나님께서는 그들에게 자비를 베풀어 다시 아담을 꼭 닮은 아들을 주셨다. 아담부부는 정말 기뻐했어.

"아, 하나님이 우릴 아주 버리지 않으셨구나. 하나님께서 아벨을 대신하여 또 다른 씨를 주셨어!"

이브는 셋을 낳은 것이 하나님께서 아벨을 잃은 상처를 위로하기 위해 주신 거라 여겼어. 그래서 아이의 이름을 '선택 받은 자' 라는 뜻으로 '셋' 이라고 지었단다.

하나님께서 처음 사람을 창조하실 땐 하나님의 형상을 따라 사람을 지으시고 축복해주셨지. 그렇지만 지식의 나무 열매를 따먹고 영이 죽어 하나님의 형상을 잃어버린 아담은 에덴동산에서 쫓겨난 이후로는 자기의 모습과 자신의 형상을 따라 자손들을 낳았단다. 그의 자손들은 모두 아담의 피를 물려받아 하나님의 말씀을 어긴 죄인의 모습으로 태어났던 거란다.

셋이 에노스란 아들을 낳을 즈음, 사람들은 이때부터 비로소 하나님의 이름을 부르며 하나님을 경배하기 시작했어. 셋의 자손들은 카인의 자손들과 달리 하나님을 잘 섬겼어. 하나님의 이름을 '주'라고 부르며 기도하고 하나님께 제사 드렸단다.

세월이 흘러 아담의 후손들이 헤아릴 수없이 늘어났다. 아담의 후손들은 끊임없이 대를 이어갔지만 그 모든 사람들은 결국 죽음을 맞아야만 했단다. 아담은 셋을 낳고도 더 많은 자식들을 낳으며 930년까지 살다가 죽음을 맞았지. 하나님께서 처음 사람을 지으실 때는 하나님처럼 영원히 죽지 않도록 지으셨단다. 하지만 하나님의 명령을 어긴 죄로 사람들은 늙고 병들어서 죽어 흙으로 돌아가야만 했지. 셋은 에노스를 낳고 912세에 죽고, 에노스는 카이난을 낳고 905세에 죽었으며, 카이난은 마할랄렐을 낳고 910세에 죽고, 마할랄렐은 야렛을 낳고 895세에 죽었으며, 야렛은 에녹을 낳고 962세에 죽어 모든 인류는 죽음을 면할 수 없게 되었지. 그런데 에녹이라는 사람만은 죽음을 면했단다. 그는 3백 년 동안 늘 하나님과 동행했기 때문이란다.

그 당시 사람들이 모두 죄를 짓고 하나님을 외면하고 살아도 에녹은 그들과 달랐어. 에녹은 하나님의 말씀대로 살면서 하나님을 믿지 않는 악한 사람들을 하나님께로 돌이키려고 애를 썼다. 그런 에녹을 보는 사람들은 에녹을 비웃고 놀렸지.

"에녹, 하나님이 어디 있어? 그러지 말고 우리와 술이나 마시며 즐기자고."

"여러분! 하나님이 두렵지도 않소? 제발 정신 차리고 회개하시오. 하나님께선 여러분들이 하는 짓들을 모두 보고 계시오. 이러다간 땅이 멸망하고 말 것이오. 하나님은 죄인을 절대로 그냥 두지 않는 분이기 때문이오."

에녹이 애타게 호소했지만 사람들은 들은 척도 하지 않았어. 그러다가 에녹이 365세가 되던 해, 하나님께서 그를 산 채로 하늘로 데려가셨단다. 그는 아담의 후손으로 태어났지만 하나님의 말씀대로 살면서 늘 하나님을 기쁘게 해드렸지. 그래서 죽음을 맞지 않고 산 채로 하늘나라에 올라간 것이었단다.

"여보게, 에녹 못 봤어? 어제까지 있었는데, 어디에도 안 보이는군."

"에녹이 산 채로 하늘에 올라갔다던데, 그 말이 사실인 모양이지."

"그럴 리가! 거짓말이겠지."

"에녹이라면 충분히 하늘로 들려올라갈 만도 하지 뭘 그래."

"그게 사실이라면 우리도 정신 차려 살아야겠네."

"그래야겠지…"

사람들은 에녹이 산 채로 하늘로 올라갔다는 소식을 듣고 잠시 정신이 돌아왔지만 몸과 마음이 타락할 때로 타락하여 금방 예전처럼 돌아가고 말았다.

에녹이 낳은 아들 므두셀라는 세상에서 제일 오래 산 사람이었지. 969세까지 살았으니 말이야. 그가 낳은 아들 라멕에게서 노아라는 후손이 태어났다. 노아는 증조할아버지를 닮아서 그 시대에 완전한 사람으로 하나님을 잘 섬기고 순종했단다. 노아는 증조부 에녹 할아버지처럼 하나님과 동행하며 하나님께 은혜를 입었어.

창세기 6장
노아가 지은 방주

아담이 에덴동산에서 쫓겨난 지 약 1천년의 세월이 지났어.

땅 위에는 수없이 많은 사람들이 태어나 세상을 가득 채웠지. 그 중에는 히브리말로 '네피림' 이라 불리는 몸집이 아주 큰 거인이 태어났다. 그들은 하늘의 천사들이 사람의 딸들이 아름다운 것을 보고 내려와 아내를 삼아서 낳은 사람들이었단다.

'하나님의 아들들' 이라 불리는 그들은 원래 하나님의 명령을 받드는 천사들이었다. 그들은 자신들의 위치를 벗어나 서른세 살 가량의 청년의 모습을 하고 세상으로 내려와 사람의 딸들을 아내로 삼아 피를 얻어서 자식들을 낳았던 거란다. 이브를 꾀어 세상을 다스릴 권세를 뺏은 사탄이 자신의 자손들을 세상에 퍼뜨리기 위한 계략이었지.

그들에게서 태어난 자손들은 하나님을 찾지도 않고, 하나님의 명령을 지키지도 않았으며, 하나님이 주신 모든 것에 대해 감사하지도 않았어. 그들은 원래 천사였다가 하나님의 명령을 어기고 자신의 위치를 벗어난 제 아비를 닮아 대부분 타락하고 사악한 사람들이었지. 유명한 용사들이라고 불리는 그들은 폭력과 살인을 일삼고 힘으로 세상을 주름잡았단다. 뿐만 아니라 자신들이 신이라고 행세하며 신화를 만들어 사람들을 미혹했지. 그들을 따라 온 세상도 함께 악을 행하는 죄인들로 가득차고 말았단다. 그들의 부패한 행동으로 인해 땅마저도 더러워졌지.

"오호, 슬프다. 어쩌면 인간들은 하는 짓이나 생각하는 것들이 모두 악하기만 하단 말인가! 이제 더 이상 나의 영이 육체뿐인 사람과는 다투기 싫구나. 그들의 수명을 120년으로 정하고, 120년 동안 그들을 지켜본 후에 그래도 가망이 없으면 이 땅을 멸망시켜 깨끗하게 해야겠다."

하나님은 사람들이 계속 악하기만 한 것을 보시고 몹시 슬퍼하셨다. 그리고 사람 지으신 것을 후회하셨단다. 나쁜 죄만 저지르는 사람들을 그냥 두고 볼 수 없었기 때문이었지. 그래서 자신이 창조한 사람과 세상에 살아 있는 것들을 모두 깨끗이 쓸어버리기로 결심하셨어. 그 중에 꼭 한 사람, 노아와 그의 가족만 빼고 말이야.

온 땅이 폭력과 악으로 가득차고 땅 위의 모든 사람이 타락했지만 그 중에 에녹의 후손인 노아는 달랐어. 노아는 증조할아버지 에녹처럼 하나님과 동행하고 하나님의 말씀을 따라 살았단다. 하나님은 노아가 흠 없고 완전한 사람인 것을 아시고 노아를 불러 말씀하셨다.

"노아야, 이제 이 땅의 모든 육체가 종말을 맞을 때가 이르렀다. 온 땅이 폭력과 죄악으로 가득 찼으니 내가 그것들을 땅과 함께 멸망시킬 것이다. 너는 고펠나무로 방주를 만들어라."

"네? 방주를 만들라고요?"

노아는 방주가 뭘 하는 것인 줄도 모르고 본 적도 없었지만 말없이 하나님의 명령을 따랐다. 그 방주는 하나님이 직접 설계를 해주셨지. 방주 안에는 여러 개의 방들을 만들고 역청으로 안팎을 칠하여 물이 새지 않도록 하고, 창문을 높이 달아 3층으로 만들라고 하셨지. 그 시대 사람들은 줄자나 막대자를 사용하지 않고 팔꿈치에서 가운데손가락 끝까지의 길이를 1큐빗으로 계산해서 길이를 쟀단다.

그러니까 방주의 길이가 삼백 큐빗(135m), 넓이는 오십 큐빗(22,5m), 높이 삼십 큐빗(13.5m) 가량의 배였어. 직사각형의 방주는 항해하기 위한 배가 아니라 홍수가 났을 때 물위에 뜨도록 지어진 창고 같은 나무건물이었지. 쉽게 말하면 열 두 대의 버스를 늘어세워 놓은 길이에 다 4층 건물 정도 되는 높이의 배였어.

"지붕이 튼튼하지 않으면 홍수를 견딜 수 없을 테니 지붕을 튼튼하게 만들어라. 노아야! 이제 내가 홍수를 일으켜 땅위에 살아 있는 모든 육체들을 멸망시키겠다. 그러면 호흡 있는 것들은 모두 죽을 것이다. 그렇지만 네 가족들은 모두 방주에 들어오도록 너와 약속하마. 너는 모든 생물들을 종류대로 두 쌍씩 방주 안에 넣어 그것들의 씨와 생명을 이어가도록 하여라. 그리고 모을 수 있는 만큼 양식을 모아들여 홍수가 끝나 새 곡식이 날 때까지 너와 가족들과 동물들의 양식을 삼도록 하라."

노아는 하나님께서 노아에게 방주를 만들라고 하신 이유가 온 세상을 물로 쓸어버리기 위해서라는 하나님의 말씀을 듣고 그대로 따랐어. 노아는 500세에 낳은 세 아들 셈, 함, 야펫을 데리고 하나님께서 명령하신 대로 열심히 방주를 지었지. 그러면서 한편으론 거리에 나가 사람들에게 외쳤어.

"여러분, 앞으로 큰 홍수가 있을 것입니다. 나와 함께 방주를 지읍시다. 그리고 방주 안에 들어가 홍수를 피하고 목숨을 구하시오."

그러나 사람들은 그런 노아를 비웃고 조롱하며 정신병자로 취급했단다. 왜냐면 그 당시에는 비가 내려 홍수가 난 적이 없어서 그것이 어떤 건지도 몰랐거든.

"아니, 저 늙은이가 망령이 들었나. 마른하늘에 무슨 홍수가 난다고 저러지? 저렇게 볼품없고 크기만 한 걸 배라고 만드나? 저게 물에 뜨기나 하겠어?"

"미쳐도 단단히 미쳤군."

그래도 노아는 지치지 않고 오랜 시간에 걸쳐 방주를 짓는 틈틈이 사람들에게 하나님의 말씀을 전했어. 그러나 백이십 년 동안이나 외쳐도 사람들은 노아의 말을 들으려하지 않았단다. 방주가 완성되어갈 무렵, 노아는 마지막으로 간절히 외쳤어.

"여러분, 마지막으로 하는 말이니 내 말 좀 들으시오. 이제 방주가 완성 되고 때가 차면 무서운 홍수가 일어날 것이오. 큰 비가 내려 온 세상을 물로 쓸어버릴 테니 방주로 들어가야만 살아남을 수 있습니다. 제발 나와 함께 방주로 들어갑시다."

"물이 하늘에서 아래로 쏟아진다고? 하하! 헛소리하고 있네. 저 영감은 물이 증발하여 하늘로 올라간다는 상식도 모르는구먼. 비가 오면 물이 넉넉해져서 좋겠네."

"여러분! 앞으로 내릴 비는 보통 비가 아닙니다. 하나님께서 홍수로 이 세상을 뒤덮어 멸망시키실 비란 말이오. 나중에 후회 말고 제발 방주 안으로 들어갑시다."

"망령 난 늙은이로군! 도대체 마른하늘에 무슨 비가 내린다고 저 야단이야?"

노아가 아무리 외쳐도 사람들은 듣기 싫다고 비웃으며 화를 내고 오히려 시끄럽다고 노아에게 돌을 던졌어. 그렇지만 노아는 아랑곳하지 않고 하나님의 말씀을 외쳤단다. 그리고 아들들과 함께 열심히 방주를 지었어.

마침내 120년이나 걸려 만든 배가 완성되자 하나님께서 노아에게 말씀하셨단다.

"노아야, 악한 이 세대 가운데서 네가 유일하게 내 앞에 의로운 것을 보았다. 이제 너와 너의 온 집안은 방주 안으로 들어오너라."

하나님은 의로운 노아와 그의 가족을 구원하시기 위해 노아를 방주 안으로 초청하셨어. 또 모든 정결한 짐승 일곱 쌍과 정결하지 않은 짐승 두 쌍, 공중의 새들도 일곱 쌍씩 방주에 들이라고 하셨단다. 하늘은 아직 파랬고, 비가 올 기미는 전혀 없었지. 그렇지만 노아는 하나님의 말씀만 믿고 그 명령을 따라 가족들을 데리고 방주 안으로 들어갔다. 하나님의 명령을 받은 동물들과 새들도 어디선가 부지런히 달려와 방주 안으로 들어갔지. 짐승들은 벌써부터 산기슭에 몰려 앉아 노아가 방주를 다 짓기를 기다렸을 거야.

"하나님께서 우리더러 방주에 들어오라고 하셨는데 방주는 언제쯤 다 지어질까?"

"노아 할아버지가 어서 지붕 덮는 일을 마쳤으면 좋겠어."

하고 조잘거리면서 어서 방주 안으로 들어가고 싶어 기웃거렸을 테지. 그러니까 노아가 애써서 동물들을 잡아끌고 오지 않아도 하나님의 명령을 받은 동물들은 어디선가 나타나 어미를 졸졸 따라가는 새끼동물들처럼 방주를 향하여 달려왔던 거야. 모든 짐승이 종류별로, 하늘을 나는 새들과 땅위에서 숨 쉬며 기어다니는 모든 생명들이 짝을 지어 노아에게로 나아와 방주 속으로 들어갔단다.

"자, 어서어서 방주 안으로 들어오너라. 토끼야, 양들아, 새들아!"

노아의 재촉에 짐승들은 네, 네, 하면서 꼬리를 흔들며 방주 안으로 들어가 자리를 잡았어. 노아는 마지막으로 불쌍한 이웃에게 외쳤다.

"여러분! 이제 우리 가족은 방주 안으로 들어왔소. 지금이라도 늦지 않았소. 방주 안에 들어오는 분은 목숨을 구할 수가 있소. 여러분 제발 방주 안으로 들어오시오! 일주일 후면 하나님이 무서운 비를 내리실 것이오."

"쯧쯧, 불쌍한 늙은이 같으니라고! 결국은 미치고 말았군. 이거 보시오 노아! 당신이나 들어가 그 정신병이나 좀 고치시지. 홍수 같은 건 절대로 나지 않을 테니…."

사람들은 끝까지 노아의 말을 거절했어. 노아의 가족과 동물들이 모두 방주 안으로 들어오자 하나님은 방주의 문을 꽝 닫으셨다. 그 문은 사람의 힘으로 열 수 없었지. 그래도 하나님은 혹시나 하고 일주일을 더 기다려 주셨어. 그러나 사람들은 끝까지 듣지 않고 노아가 미쳤다고만 생각했단다.

창세기 7장

땅을 뒤덮은 큰 홍수

노아 나이 600세(B.C. 2344년)가 되던 해 5월 17일 새벽, 마침내 쿵쾅! 하고 하나님이 화난 음성을 터뜨리셨어. 천둥이 치고 검은 구름이 삽시간에 온 세상을 뒤덮고, 툭툭 장대비가 쏟아지기 시작했지. 그러자 한 시간도 채 안되어 땅은 10m 이상이 넘는 물기둥으로 뒤덮였단다.

"어어? 이게 웬 날벼락이야. 노아가 말하던 홍수라는 게 이런 것인가 보구
먼. 그럼 노아의 말이 사실이었나 보네. 이러고 있을 때가 아니야 지금이
라도 방주로 들어가야지!"

사람들은 허겁지겁 달려가 방주의 문을 두드렸어.

"노아, 문 좀 열어주시오. 우리가 잘못 생각했소. 제발 좀 살려주시오."

그렇지만 때는 이미 늦고 말았단다. 방주는 아무리 애를 써도 문을 열 수가 없었어. 사람들은 노아와 하나님을 부르며 애타게 사정하고 문을 두드리며 매달려도 하나님이 닫으신 문은 꿈쩍하지 않았지. 사람들은 그제야 땅을 치며 후회했지만 아무 소용없었어.

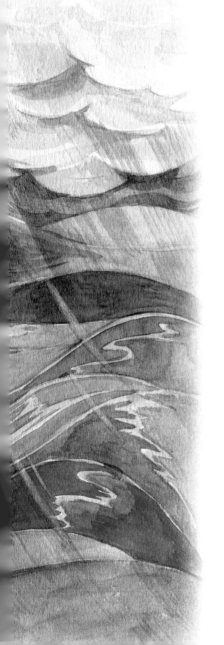

"오오, 하나님! 살려주세요. 저희가 잘못 했습니다. 제발 문 좀 열어주세요"

"제발 한 번만 용서해 주시면 다시는 악한 짓 하지 않고 하나님을 믿겠습니다."

하나님은 자비로운 분이니 아무리 나쁜 짓을 저질러도 살려주실 거라고 생각하고 멋대로 살던 사람들은 그제야 후회하고 하나님께 자비를 구했지만 하나님은 끝까지 하나님의 말씀을 거절한 악한 죄인들에게는 결코 자비를 베풀지 않으셨단다.

비는 40일 낮, 40일 밤을 쉬지 않고 내렸어. 셋째하늘과 둘째하늘 사이에 있는 큰 '깊음' 의 샘들이 터져 하늘의 창이 열리고, 깊음의 엄청난 물이 건너와 땅위로 쏟아져 내렸지. 어찌나 많은 물이 쏟아지는지 그 무게를 이길 수 없어진 땅이 술 취한 술주정뱅이처럼 기우뚱거렸어. 적도 부근의 산들이 높이 솟아 오르고 여기저기서 화산이 폭발해 용암이 흘러내렸지. 커다란 바위도 먼 곳까지 날아가 쾅쾅 부딪혔어. 방주 안으로 들어가지 못한 코끼리나 공룡같이 큰 짐승들도 날아가고, 짐승들과 사람들이 물속에서 이리저리 떠다녔단다. 그뿐이 아니었어. 지진이 덮쳐 땅이 뒤집히고, 갈라지고 깊은 틈이 생겨 몰려다니던 사람과 짐승들의 시체들이 그곳으로 빨려 들어가기도 했지.

"으악! 사람 살려!"

"아이고 하나님! 살려주세요."

사람들은 제발 비가 그치길 빌며 무섭게 달려오는 물길을 피해 높은 언덕으로, 산꼭대기로 도망쳤지만 소용없는 일이었단다. 물은 점점 빠른 속도로 차고 넘쳐 온 땅은 물에 잠겨 바다같이 변했어. 높은 산꼭대기까지 물에 잠겼지. 아무리 헤엄을 잘 치는 사람도 그 무서운 홍수를 이길 수 없었어. 온갖 죄를 저지르며 그토록 하나님의 마음을 아프게 하던 사람들은 이리 뛰고 저리 뛰다가 세상이 물에 잠길 때 함께 잠기고 말았단다. 그렇지만 방주는 물위에 둥실 떠올라 그 속에 들어간 사람들은 아무 걱정이 없었지. 하나님이 안전하게 보호하여 주셨으니 말이야.

물은 150일 동안 온 땅에 가득 차올라 땅위에 살아 움직이던 모든 육체와 생물들을 남김없이 휩쓸어 버렸어. 살아남은 것은 오직 방주 안으로 들어간 여덟 사람과 동물들뿐이었단다.

90일 동안 물 위에서 떠다니던 방주는 드디어 한 자리에 머물렀어. 하늘에 있는 깊음의 샘들과 하늘의 창이 닫히니 그때야 무섭게 내리쏟아지던 비가 그쳤다. 하나님은 방주 안에 있는 노아의 가족을 위하여 땅 위에 바람을 보내 물을 말렸지. 110일 동안 바람이 불어 물은 빠른 속도로 말라갔어. 물은 자꾸 자꾸 줄어들어 노아가 탄 방주는 29,000피트 높이에서 17,000피트, 15000피트까지 내려오도록 줄어들었어. 그 해 10월 17일, 방주는 마침내 해발 5000m 되는 아라랏산 꼭대기 위에 머물렀지. 그래도 노아는 78일 간이나 더 방주 안에서 지내야했어. 물이 완전히 마르고 땅이 마르기까지는 하나님께서 문을 열어주지 않으셨기 때문이었지.

"자, 까마귀야! 네가 먼저 나가 세상이 어떤지 살펴보고 오너라."

79일 째가 되던 날, 노아는 방주의 창문을 열고 까마귀 한 마리를 날려 보냈어. 창문 밖으로 나간 까마귀는 물위로 왔다 갔다 하면서 여기저기 널려 있는 시체를 파먹기 바빠서 방주로 돌아오지 않았단다. 노아는 답답해서 비둘기 한 마리를 또 내보냈어. 땅 위의 물이 얼마나 줄었는지 알아보기 위해서였지.

"자, 비둘기야! 네가 가서 땅이 말랐는지 자세히 살펴 보고 오렴."

비둘기는 물위를 빙빙 돌다가 앉을 곳을 찾지 못하고 방 주 안에 있는 노아에게로 다시 돌아왔어. 노아는 손을 내밀어 비둘기를 붙들어 방주 안으로 들여왔지. 마른 땅이 나타난 지 80일이 되었을 때, 노아는 다시 방주에서 비둘기를 내보냈단다. 그랬더니 비둘기는 땅위를 돌아다니다가 저녁 무렵이 되어 돌아왔어. 그런데 이번에는 그냥 오지 않았 어. 파란 올리브나무 잎사귀를 입에 물고 오지 않았겠니? 노아는 기뻐서 소리 쳤단다.

"오오, 비둘기가 올리브 잎사귈 물고 왔어! 이제 땅에 내려가서 살 수 있 겠다."

노아의 가족들도 아들들도 좋아라고 소리쳤지.

"햐! 아버지, 이제 땅이 마르고 식물이 자랐나 봐요!"

"야! 드디어 맑은 공기를 마시며 땅으로 나가 살 수 있게 됐어."

노아는 또다시 7일을 기다린 끝에 비둘기를 날려 보냈다. 이번에는 비둘기 가 다시 돌아오지 않았어.

땅이 완전히 말랐다는 증거였지. 그렇지만 노아는 하나님의 명령이 들려올 때까지 방주 안에서 잠잠히 기다렸어.

홍수가 시작된 지 일 년이 되어 마침내 601년 첫째 달 첫 날이 되었어.

노아가 방주의 덮개를 치우고 보니, 땅위의 물이 완전히 말라 있었어.

그 때, 하나님께서 노아에게 말씀하셨다.

"노아야. 이제 가족들을 데리고 방주 밖으로 나가 너와 함께 들어갔던 짐
승들을 방주 밖으로 이끌어 내라. 그들이 땅에서 많은 새끼를 낳아 땅을
가득 채울 게다."

370일 동안 물위에서 떠다니며 생활하던 노아가족은 마침내 텅 빈
지구에 첫발을 내딛었어. 아름다운 5월의 햇살이 밝게
비치는 봄날, 방주에서 나온 노아의 가족은
눈부시게 새로운 땅을 바라보았어.

"와아~.땅이다! 풀도 돋
았어. 어어, 저건 올리
브나무구나 벌써 키
가 훌쩍 컸네?"

노아의 가족들은 땅이
뿜어내는 풋풋한 향기
를 코로 입으로 빨아들
이며 맑은 공기를 맘껏
들이마셨어.

"아! 상쾌해! 얼마
만에 맡아보는 향
기냐?"

"이제 살 것 같네!
흠, 흠, 아, 이 구수한
흙냄새!"

노아의 가족들은 땅으로 나와 기지개를 켜며 흙과 나무와 새로 돋은 풀잎을 둘러보았어. 여기저기 초록 순이 돋고, 상쾌한 봄바람이 살랑살랑 불어대고, 호수에 부딪히는 햇살이 다이아몬드처럼 빛났지.

"얘들아! 어서 나오너라!"

노아의 명령을 받고 짐승들도 앞 다투어 방주에서 쏟아져 나왔단다.

땅을 뒤덮은 큰 홍수 59

방주에서 나온 새들은 푸른 하늘로 날아올라 길고 긴 원을 그리면서 훨훨 날아다니며 춤을 추고, 들판을 달리고 싶어 좀이 쑤시던 얼룩말도 노루도 신나게 들판을 뛰어다녔어.

"아이! 좋아라."

"야! 신난다!"

토끼도, 강아지도 좋아라고 뒹굴고 목이 말랐던 짐승들은 맘껏 물을 마셨어. 기린도 오랜만에 새로 돋은 나무이파리를 맛있게 먹고 양떼도 말들도 맘껏 풀을 뜯어먹었어.

"얘들아! 이제 저 넓은 땅으로 가서 새끼를 많이 낳고 온 땅을 가득 채워라!"

노아는 방주 안으로 데리고 들어갔던 모든 짐승들을 풀어 놓아주고 집에서 기를 가축들을 몰고 새싹 돋는 산골짜기를 내려왔단다.

노아의 가족들은 산골짜기와 호수와 크고 작은 언덕을 지나 아라랏산을 벗어났어.

"자, 여기서 우리를 보호해 주신 하나님께 감사예물을 드릴 제단을 만들자."

노아는 산기슭에 다다라 차곡차곡 돌을 쌓아 단을 쌓고 그 위에 놓을 제물을 택해 그동안 방주 안에서 무서운 홍수를 피하게 해 주시고 안전하게 보호해 주신 하나님께 감사 제사를 드릴 준비를 갖추었다.

창세기 8-10장
언약의 무지개와
노아의 세 아들

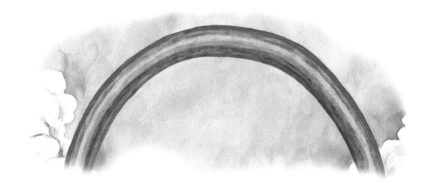

　노아는 땅 위에 나와 제일 먼저 정결한 짐승과 새들 가운데서 제물을 골라 하나님께 제사를 드렸어. 무서운 홍수 속에서 안전하게 보호해 주신 하나님의 은혜에 감사드리는 제사였지. 노아가 드리는 제사를 받으신 하나님은 이렇게 말씀하셨단다.

　"내가 다시는 사람으로 인해 땅을 저주하지 않으리라. 사람의 마음은 어릴 때부터 악하고 생각하는 것이 모두 악하기 때문이다. 내가 다시는 살아 있는 모든 것을 몽땅 죽이지는 않을 것이다. 이제 땅이 있는 동안 사시사

철이 계속될 것이다."

그리고 노아와 그의 아들들에게 복을 주시며 그들이 새로운 땅에서 살면서 지켜야 할 일들을 가르쳐주셨다.

"노아야! 너희는 지금부터 자식을 많이 낳고 번성하여 땅을 다시 채워라. 이제부턴 살아 움직이는 모든 동물도 너의 손에 넘기겠다. 그들은 너희를 두려워하고 무서워할 것이며, 너희의 먹이가 될 것이다. 내가 예전엔 사람에게 푸른 채소를 먹게 했듯이 이제부턴 동물도 너희에게 먹이로 주었으니 동물의 고기도 먹도록 하라."

하나님은 홍수 이전에는 사람들에게 곡식과 채소를 먹고 살도록 하셨다. 그런데 홍수 후에는 동물의 고기도 먹게 하셨다. 그렇지만 하나님은 전 시대의 아담에게 선악을 알게 하는 지식의 나무에서 나는 열매를 먹지 말라고 하신 것처럼 노아에게는 피를 먹지 말라고 명령하셨어.

"너희는 피가 있는 채로 고기를 먹지 말라. 피 있는 채로 먹는 날에는 내가 반드시 너희 생명의 피를 찾을 것이다. 모든 짐승이나 사람의 손에서도 찾을 것이며, 사람의 피를 흘리는 사람은 사람에 의해 자기 피도 흘려지게 될 것이다."

하나님은 무엇이든 피 있는 채로 먹지 못하게 할 뿐만 아니라 그 어떤 경우에도 사람을 죽이지 못하게 하셨다. 살인자는 반드시 죽여야 한다고도 하셨어. 왜냐고? 그건 하나님께서 사람을 지으실 때 하나님의 형상대로 지었기 때문이란다. 그러니까 거룩한 하나님의 형상으로 지은 사람의 피를 흘린 사람은 그 대신 자기의 피도 흘리게 해야 한다고 하셨다. 그러니까 사람이든 짐승이든 피의 대가를 지불해야 하는 거라고 말씀하셨어. 그래서 사형 제도가 있는 거란다.

노아의 가족을 제외하고 세상 사람이 모두 멸망당하여 없어졌으니 텅 빈

세상을 다시 채우라는 하나님의 명령에
따라 사람들은 부지런히 자식을 낳고,
동물들도 새끼를 늘려가기 시작했어.
그렇지만 홍수가 지나간 후로는 많
은 것이 달라졌단다. 홍수가 있기 전
까지 모든 동물들은 사람을 두려워
하지 않았다. 그런데 홍수가 지나고 난

뒤에는 동물들이 사람을 보면 슬금슬금 피해 다녔어. 사람들이 고기를 먹게
됐다는 걸 알았기 때문이었지. 동물들은 자기들끼리도 피해 다녀야만 했어.
순한 성품이 사라져버려서 뱀과 개구리가 함께 놀 수 없고, 사자와 토끼도 친
구가 될 수 없어졌지. 힘센 동물은 약한 동물을 보면 잡아먹을 생각만 하거
든. 그래서 약한 동물들은 크고 힘센 동물들을 보면 급히 숨어야만 살아남는
단다.

하나님은 노아와 그의 아들들에게 한 가지 언약을 맺으셨다. 그것을 '노아
의 언약'이라고 한단다.

**"보아라, 노아야! 내가 이제부터 너희와 한 가지 언약을 세우겠다. 너의 씨
와 너와 함께한 모든 생물들, 곧 가축들과 새와 땅의 모든 짐승들에게까지
도 약속하겠다. 다시는 내가 물을 가지고 사람이나 동물이나 세상을 멸망
시키지 않겠다."**

그 약속은 노아 가족뿐 아니라 앞으로 태어날 모든 인류에게 하신 언약이었어.

**"이것이 너희와, 너희와 함께 있는 모든 생물과, 앞으로 태어날 세대들과
도 맺는 언약의 표로 이제부터 비가 내릴 땐 구름 속에 무지개를 걸쳐두겠
다. 그것이 나와 땅 사이에 약속의 표가 될 것이다."**

하나님은 다시는 홍수로 세상을 멸망시키지 않겠다고 약속하셨다.

"내가 구름을 가져와 땅을 덮을 때, 구름 속에 무지개가 보이면 내가 너희 와의 약속을 기억하고 다시는 세상을 멸망시키는 홍수를 일으키지 않을 것이다."

이 약속은 노아의 가족 뿐 아니라 노아와 함께 방주에서 나온 모든 짐승들 과 물 속에서 살아남은 동물들에게까지 분명히 약속하신 거란다. 그래서 하 나님께서 그 언약을 세운 뒤부터 비가 그친 뒤에는 정말 하늘에 반원형의 예 쁜 무지개가 생기게 된 거란다. 그 무지개는 비행기를 타고 높은 하늘에 올라가면 갈수록 둥글게 보이지만 낮 은 땅에서 보면 반만 보이는 거란다.

그 약속은 사람들의 입에서 입으로 전 해져 내려와 지금도 누구나 무지개 를 볼 때면 하나님께서 다시는 세상을 물로 심판하지 않으 시겠다고 약속하셨다는 사실을 기억한단다. 그 래서 무지개가 뜨면,

"야! 무지개 떴다! 하나님이 홍수로 땅을 멸망시키지 않으신다는 약속 의 표야!"

하고 기뻐서 외치는

거란다. 하나님께서도 구름 속에 피어난 무지개를 보시고,

"아하! 무지개가 떴군. 내가 노아 가족들과 맺은 약속을 지켜야지!"

하시며 하나님께서도 그 약속을 기억하시고 악한 짓을 저지르는 세상에 재앙을 내리고 싶어도 더 큰 홍수가 나지 않도록 비를 거두어 주신단다.

노아와 함께 방주에 들어갔던 노아의 세 아들 이름은 셈, 함, 야펫이었어. 맏아들 야펫은 코카사스인종인 백인들의 조상이며, 둘째 아들인 함은 카나안의 아비로 이집트와 카나안, 필리스타인 등 아프리카 흑인들의 조상이고, 막내아들 셈은 동방족속의 조상이었지. 그러니까 노아의 세 아들에게서 난 후손들이 온 세상으로 퍼져나간 거란다. 그 세 아들의 운명을 결정지은 것은 다음의 사건 때문이었다.

노아는 방주에서 나와 맨 처음 포도원을 만들어 포도나무를 가꾸는 농부가 되었어. 홍수로 깨끗해진 새 땅에서 키운 포도나무에서는 먹음직스러운 포도 열매가 주렁주렁 열렸지. 노아는 그것으로 포도주를 만들었단다. 어느 날 노아는 묵은 포도주를 실컷 마시고 취해

벌거벗고 잠이 들었어. 그 모습을 둘째 아들 함이 지켜보았지. 함은 아버지가 잠들어 있는 장막 안으로 들어가 아버지의 몸을 희롱하고 장난을 쳤단다. 그리고는 형과 동생에게 가서 흉을 보았어.

"히히히, 형들도 아버지의 장막에 좀 가봐. 아버지가 지금 벌거벗고 잠들어 있어."

"예끼 녀석! 그렇다고 흉을 봐? 야펫형, 어서 가서 아버지의 몸을 덮어주자."

셈은 야펫과 함께 아버지의 벗은 몸을 보지 않으려고 뒷걸음질 쳐서 아버지의 알몸을 덮어주었어. 노아가 깨어나 함이 자신에게 저지른 짓을 알고 무섭게 화를 내어 말했단다. 노아가 한 말은 세 인종의 미래의 운명을 결정짓는 무서운 예언이 되었지.

"함! 네가 감히 애비 몸에다 장난을 쳐? 너의 씨 카나안은 저주를 받을 것이니, 그는 형제들의 종들의 종이 될 것이다."

잘못은 함이 했는데 함은 벌을 받지 않고 그의 아들 카나안이 저주를 받았어. 함은 방주에서 나왔을 때 이미 하나님의 축복을 받은 후였거든. 하나님의 축복을 받은 사람에게는 다시 벌을 내릴 수가 없기 때문이었지. 그래서 함의 후손들은 조상의 잘못으로 종들의 종이 되고 말았단다. 그래서 그들은 남을 섬길 땐 행복하게 살 수 있지만 남과 같아지겠다고 평등을 외치거나 스스로 높아지려고 왕이 되려 할 땐 불행하게 되고 멸망 받는단다. 노아는 셈과 야펫에게는 그 반대로 축복을 내렸어.

"셈의 주 하나님은 영원히 찬송 받으시리라. 하나님께서 야펫을 세계에 크게 펼쳐 셈의 장막에서 살게 하실 것이요, 카나안은 그의 종이 될 것이다."

셈은 영적인 축복을 받았고, 야펫은 물질적인 축복을 받았어.

야펫의 후손인 미국이나 러시아, 유럽의 백인들은 노아의 예언대로 전 지구상으로 퍼져나가 셈의 장막을 차지하는 부유한 나라가 되었고, 셈의 후손인 한국이나, 인도, 중국, 일본, 이스라엘 등의 황색인종들은 영적 진리와 온갖 종교의 경전들을 지어내게 되었단다.

노아의 저주로 함의 아들 카나안의 후손인 흑인들은 대대로 종으로 살아야 했지. 홍수가 지난 후, 노아는 350년을 더 살다 950세에 죽어 조상들에게로 돌아갔다.

세월이 흘러 노아의 아들들에게서 태어난 자손들은 전 세계로 퍼져나갔어. 야펫은 고멜, 마곡, 마대, 야완, 투발과 메섹과 티라스를 낳았고, 고멜의 아들들은 아스케나스와 라팟과 토갈마를 낳았지. 그들이 아들딸들을 낳고 많은 인구가 불어나자 한 곳에 모여 살 수가 없어졌단다.

온 땅을 다시 채우라는 하나님의 명령을 따라 그들은 자기들끼리 살기 좋은 땅을 찾아서 떠났어. 하나님께서는 모든 것을 미리 알고 계셨으므로 방주를 알맞은 장소에다 내려놓으셨던 거지. 하나님께서는 옛날 에덴동산이 있었던 땅 부근에 삼각형을 크게 그어 그 꼭대기 지점인 아라랏 산에 방주를 내려놓으셨어. 노아의 아들들을 세 갈래로 나누기 위해서였지. 그래서 야펫은 북쪽이나 북서쪽 땅으로 갔고, 함은 삼각형의 왼쪽 지역인 아프리카 땅을 차지했으며, 셈은 동쪽과 동남쪽으로 가서 그 일대의 땅을 차지했단다.

노아의 후손들은 어떻게 세상에 퍼졌고, 어디로 가서 살았는지 알아보자.

야펫의 아들 고멜은 동유럽 지역과, 불가리아, 헝가리, 체코슬로바키아 등지로 가서 동유럽의 나라들을 만들었다. 마곡과 투발, 메섹도 북쪽지역으로 가 러시아지역에서 모스코바와 동유럽의 여러 나라를 만들었단다.

티라스와 야완은 그리스 주변지역인 터키와 마케도니아 지역에 모여 살았다. 이들에 의해 여러 섬들은 같은 말을 쓰는 사람들과 같은 종족들끼리 나누어지게 된 거란다. 그들은 대부분 싸우기를 잘하는 민족으로 아주 사납고 거칠었어.

함은 네 아들을 낳았어. 쿠스와 미스라엘, 풋, 카나안이 그들이란다. 쿠스의 아들들은 스바, 하윌라, 삽타, 라아마, 삽테카며, 라아마는 시바와 드단을 낳았다.

쿠스는 '검다'라는 뜻으로 그들의 후손은 모두 피부색이 검었지. 그들은 에디오피아, 아프리카, 아라비아 지역까지 뻗어갔고, 시리아와 인도까지 흘러갔단다.

함의 둘째아들 미스라임은 이집트지역으로 가서 뿌리내리고 살기로 했어. 풋은 아프리카인이며, 카나안은 시돈과 헷을 낳고 소돔과 아모리인, 기르가스인, 여부스인의 조상이 되었어. 처음에는 시돈과, 그랄, 가자, 소돔, 고모라, 스보임 등에 흩어져 살다가 카나안에서 나와 멀리멀리 흩어져 하나님이 정해주신 땅을 벗어나 팔레스타인 땅에까지 뻗어가서 살았지.

쿠스의 후손들은 대부분 아프리카 지역에 흩어져 살았고, 스바는 에디오피아 북쪽으로, 하윌라는 홍해를 건너 아라비아지역으로 가서 땅을 차지하고, 라아마와 삽테카는 적도 부근에서 모여 살았어. 그들 역시 같은 말을 쓰는 종족과 같은 피부색과 같은 핏줄들끼리 모여 아프리카 지역으로 흩어져 살았던 거란다.

셈의 후손들은 유프라테스강 건너편 동쪽으로 갔다. 셈의 자손은 엘람과, 앗수르와, 아르박삿, 룻, 아람 등 셈의 후손은 노아의 믿음을 따라 하나님을 잘 섬겼다.

셈은 홍수 후 2년이 지난 100세에 아들 아르박삿을 낳았어. 그 후에도 5백 년을 더 살며 자녀들을 계속 낳았고, 아르박삿은 살라를 낳고, 살라는 에벨을 낳고, 에벨은 펠렉을 낳고, 펠렉은 르우를 낳았다. 르우는 스룩을, 스룩은 나홀을 낳았지. 그들은 모두 셈의 후손으로 하나님을 잘 믿는 믿음의 계보를 이어간 조상이었단다.

창세기 11장

바벨탑

노아와 그의 아들들이 아라랏 산에서 내려온 뒤부터 사람들은 한 곳에만 머물러 살지 않았어. 살기 좋은 땅을 찾아 이곳저곳으로 돌아다니며 살았지. 그래서 그들은 한 곳에 집을 짓지 않고 장막을 치고 살다가 그 곳이 싫증나면 장막을 걷어 다른 곳으로 이동하면서 살았던 거란다. 그들은 맨 처음 티그리스 강의 상류에서부터 조금씩 옮겨 다니다가 넓게 펼쳐진 땅을 발견했어.

"야! 여기 기름지고 넓은 땅이 있구나. 여러분! 우리 이젠 여기서 아주 머물러 살도록 합시다. 이곳에다 우리들의 힘으로 도시를 건설하고 살기 좋은 나라를 만들어 행복하게 삽시다."

"그거 좋소! 그럽시다."

사람들은 시날이라는 그 땅에 모여 살기로 했어. 원래 그 땅은 셈의 자손 앗수르가 니느웨와 칼라, 레센이라는 성읍을 세우고 살던 곳이었지. 그런데 님롯이라는 크고 힘센 용사가 그들을 몰아내고 왕이 되었단다. 그는 어머니를 아내로 삼았는데, 그의 어머니 세미라미는 뛰어난 미인으로 사람들이 여신으로 숭배했단다.

님롯은 함의 아들 쿠스가 낳은 아들로, 홍수후의 세상에서 처음으로 크고 힘센 장사로 태어난 사람이었어. 님롯은 옛날 아담 시대에 타락한 천사들과 사람의 딸들 사이에서 태어난 거인들처럼 덩치도 크고 싸움도 잘하고 힘이 센 사냥꾼이었지. 그는 동물도 사냥했지만 노예사냥도 했어. 노예를 사고팔기도 하고 여러 가지 우상을 만들어 파는 일을 했지. 그는 하나님이 싫어하는 일만 골라했던 거야. 사람들은 그런 그를 '하나님과 싸울 수 있는 힘센 사냥꾼'이라고 불렀어.

사람들은 시날 땅을 마음에 꼭 들어 했다. 그래서 천년만년 그곳에서 살자고 다짐했어. 자기들끼리 힘을 뭉치면 잘 살 것 같았거든. 그들은 모여서 계획을 세웠어.

"자, 우리 이곳에다 크고 높은 성을 세웁

시다. 벽돌을 단단히 구워 하늘 높이 탑을 쌓아 올립시다. 아무리 큰 홍수가 나도 안전하게 살아남을 수 있도록 하여 우리 이름을 높이는 거요."

"그래, 그거 좋겠소. 이젠 홍수를 당하지 않도록 높고 높은 성을 쌓읍시다."

다시는 무서운 홍수 같은 재앙을 당하기 싫었던 사람들은 홍수가 나더라도 탑을 높이 쌓으면 살아남을 거라고 생각했어. 그리고 구름까지 닿는 탑을 쌓고 높은 곳에서 인간의 이름을 하나님처럼 높이고 오래오래 살고자 했어. 하나님을 제쳐놓고 자기들의 힘으로 살아보겠다는 계산이었지. 그리하여 하나님이 만드신 돌 대신 벽돌을 구웠어. 그리고 역청으로 회반죽을 대신하여 탑을 쌓기 시작했단다. 삼위일체 하나님은 그 광경을 보시고 탄식하셨어.

"참! 인간은 어쩔 수 없는 존재들이구나. 어렸을 때부터 생각하고 하는 짓이 악하기만 하니…. 모든 인간들이 하나로 똘똘 뭉쳤으니 저들이 하고자 하는 일을 누가 막으랴? 저들이 한 가지 말을 쓰고 있으니 저런 짓을 하지. 저들을 그냥 두면 계속 악한 짓만 저지를 것이다."

"그러니 그냥 둬선 안 되지. 저렇게 악한 사람들이 힘을 뭉치면 더욱 악한 짓만 할 터이니 저들을 멀리 흩어버려야겠다."

"그래, 우리가 가서 저들의 말을 혼란시키자. 그들이 서로의 말을 알아듣지 못하면 더 이상 탑을 쌓지 못할 것이다."

그 때 땅위에는 한 가지 말만 있었어. 그 말은 유대인의 말인 히브리어로 하나님이 쓰시는 말씀이었지. 하나님은 바벨탑을 쌓는 사람들의 말을 혼란시키기로 결정하셨단다.

하나님은 사람의 자손들이 도성과 탑을 세우는 광경을 보시기 위해 천사의 모습을 하고 직접 땅으로 내려오셨어. 그 때까지 사람들은 땀을 뻘뻘 흘리며

열심히 탑을 쌓고 있었지.

"어이, 어서 벽돌 올려 보내!"

위에서 벽돌 쌓는 일을 하고 있던 사람이 아래쪽에서 심부름하는 사람에게 소리쳤어. 하나님은 아래쪽에 있는 사람이 그 말을 알아듣지 못하도록 엉뚱한 말로 바꾸셨지. 그러자 아래 있는 사람이 역청을 올려 보냈다. 위쪽에 있는 사람은 짜증난 소리로 고함을 질렀어.

"이것 봐! 귀 먹었어? 벽돌을 달라는데 역청을 왜 줘? 벽돌 달란 말이야. 벽돌!"

"왜 역청을 집어던지는 거야? 내게 무슨 감정 있어?"

"뭐라고 하는 거야? 왜 갑자기 이상한 말을 하는 거지?"

"아휴! 답답해! 무슨 소리야. 지금 장난치는 거야?"

모두가 이상한 말을 하자 여기저기서 혼란이 일어났어. 사람들은 모두가 입을 열면 알 수 없는 말들이 튀어나오니 서로의 뜻과 생각을 주고받을 수가 없고 일을 계속할 수가 없었어. 사람들은 탑을 쌓다 말고 내려와서 서로 멱살을 잡고 싸웠단다.

"아니, 누굴 놀려? 벽돌 달라는데 왜 역청을 주는 거야?"

"별 괴상망측한 소릴 지껄이는군. 너랑 함께 일 못하겠어. 말이 통해야지."

"관 둬! 더 이상 너희들과 함께 일 못하겠다. 말이 통해야지!"

사람들은 서로를 탓하며 도무지 알 수 없는 이상한 말을 주고받다가 탑 쌓는 일을 중단하고 뿔뿔이 흩어지고 말았어. 그리하여 사람들은 그 탑의 이름을 '바벨(혼잡)탑' 이라고 불렀다. 그 때 하나님께서 사람들의 말을 혼란시킨 일로 인해 지구상에는 수많은 언어가 생기게 된 거란다. 그래서 지금도 사람들은 다른 나라의 말을 배우지 않으면 그 나라 사람들과 말을 주고받을 수가 없게 됐지. 하나로 뭉쳐 오래오래 살자고 맹세하던 사람들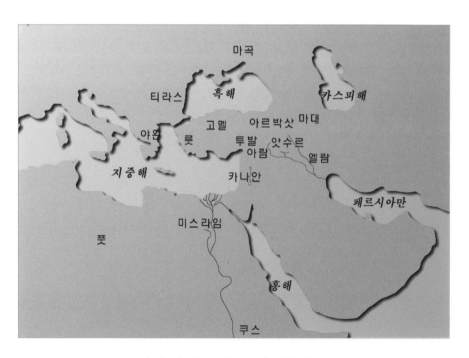
은 결국 뿔뿔이 흩어지고 말았어. 그들은 같은 말을 하
는 사람들끼리 모여 자기들이 함께 살 수 있는 땅을
찾아 멀리멀리 떠나갔단다. 하나님이 인간들의
못된 계획을 막고 흩어버리신 것이었지.
　사람들은 모이기만 하면 힘을
뭉쳐 하나님을 대항하려는
카인의 생각을 가지고
있단다. 그것을 아
시는 하나님은 사람들의 피부빛깔에 따라 인종을 나누고, 나라의 경계를 정
해 멀리멀리 흩어져 살도록 하신 거란다.

〈노아의 세 아들들을 통한 민족 분포도〉

창세기 12-13장
믿음의 조상 아브라함

　셈의 후손 나홀이 낳은 아들 중에 '테라'라는 사람이 있었어. 그에게서 세 아들이 태어났어. 테라는 나홀과 하란, 그리고 30세가 되던 해에는 아브람이란 아들을 낳았지. 아브람은 이스라엘의 족장으로 위대한 믿음의 조상이 된 사람이었어. 둘째 하란은 롯을 낳고 그의 고향 유프라테스 강 근처에 있는 우르 땅에서 아버지보다 먼저 죽고 말았다. 그래서 두 아들만 남아 그들이 각각 아내를 얻었다. 나홀은 하란의 딸 밀카를 아내로 맞았고, 아브람은 '다투는 자'란 뜻의 이름을 가진 이복누이인 사래와 결혼했어. 그런데 사래는 아기를 낳지 못했단다.

테라는 우르를 떠나 살기 좋은 땅을 찾아 길을 떠났다. 그 당시 테라가 살던 우르는 온갖 잡신이 우글거리는 이교도의 땅이었기 때문이지. 그러나 얼마가지 못하고 유프라테스 강을 따라 북쪽으로 올라가다가 강 상류인 하란에 머물러 살다 205세에 죽고 말았단다. 홍수가 지난 후부터는 인간의 수명이 점점 짧아지기 시작한 거지.

아브람의 나이 일흔 다섯이 되던 해였어. 어느 날 하나님께서 나타나 말씀하셨어.

"아브람아, 너는 네 고향과 친족과 네 아비의 집을 떠나 내가 네게 보여줄 땅으로 가거라. 내가 너로 큰 민족을 이루게 하고, 복을 주며, 너로 위대한 사람이 되게 해주마. 너는 복이 될 것이니, 내가 너를 축복하는 자에게는

복을 주고, 너를 저주하는 자들에게는 저주를 내릴 것이니 네 안에서 모든 족속이 복을 받을 것이다."

"네, 하나님 감사합니다. 하나님의 명령대로 곧 떠나겠습니다."

아브람은 즉시 하란을 떠나 서남쪽 길을 따라 카나안 땅으로 들어갔어. 아내 사래와 조카 롯도 함께 갔지. 아브람이 카나안을 통과하여 세켐 땅 모레 평지에 도착했을 때, 하나님께서 아브람에게 나타나 또다시 말씀하셨어.

"아브람아, 내가 이 땅을 네 씨에게 주겠다."

하나님은 아브람에게 아무 조건 없이 카나안 땅을 주시마고 약속하셨어. 그곳에는 이미 카나안 사람들이 살고 있었지만, 하나님께서는 그 땅을 아브람과 그의 후손들에게 주겠다고 약속하신 거지. 아브람은 그 곳에 나타나신 주 하나님께 제단을 쌓고 경배를 드렸어. 아브람은 그 곳에 살면서 조금씩 더 이동하여 벧엘 동쪽 산으로 옮겨가 장막을 치고 제단을 쌓아 주의 이름을 부르며 그 땅에서 살기 시작했다.

세월이 흐른 후에, 그 땅에 심한 기근이 들었어. 몇 년 동안 가뭄이 들어 농사를 지을 수 없는 지경이 되니 사람들은 기름진 땅을 찾아 떠날 수밖에 없었단다. 아브람도 가족들을 데리고 당분간 이집트에서 지내기로 했지. 아브람은 이집트에 들어가기 전에 아내 사래에게 의논하여 미리 다짐을 받았어.

"당신은 아름다운 여자라 이집트에 가면 틀림없이 그곳 남자들이 당신을 차지하기 위해 나를 죽이고 당신을 뺏어갈 것이오. 그러니 이집트에 도착하면 당신은 나의 누이로 행세하시오. 그러면 내 목숨이 안전할 거요."

"당신이 시키는 대로 할 테니 염려 마셔요."

사래도 단단히 약속하고 이집트로 내려가니 이집트인들이 사래를 보고 놀랐어.

"와! 저렇게 아름다운 여잔 처음 봐. 왕이 보시면 틀림없이 왕비로 삼을 거야."

염려했던 대로 왕의 신하들은 사래를 왕의 궁궐로 데리고 갔어. 피부가 검은 이집트왕은 눈부시게 하얀 피부를 가진 아름다운 사래를 보고 첫눈에 반해 즉시 후궁으로 삼으려 했단다. 그들은 사래를 왕궁으로 데려와 혼인준비를 시켰지.

아브람은 사래 덕분에 왕이 결혼예물로 준 많은 가축과 종들과 재물들을 얻고 좋은 대접도 받았어. 그렇지만 파라오는 하나님의 벌을 받게 되었단다. 하나님께서 훗날 사래를 통해 얻게 될 아브람의 씨를 보호하기 위해 사래가 이집트 왕과 결혼하지 못하도록 큰 재앙을 내려 막아주신 것이다.

궁궐에 역병이 돌고 왕실의 여인들은 아기를 갖지 못하게 되었지. 그것이 사래 때문이라는 것이 밝혀지자 왕은 아브람을 불러 꾸짖었단다.

"너는 왜 네 아내를 누이라고 했느냐? 하마터면 큰일 날 뻔 했지 않았느냐?"

"왕이여! 사실 그는 제 아내지만 이복누이라 그렇게 말한 것입니다."

"듣기 싫다! 여기 네 아내를 데리고 속히 이 땅을 떠나라!"

이집트 왕은 아브람이 한 짓이 괘심하여 혼을 내주고 싶었지만, 아브람의 하나님이 무서워 사래와 예물로 주었던 재물들도 빼앗지 않고 아브람을 쫓아냈어.

아브람은 사래 때문에 얻은 금은 보물과 가축들로 인해 큰 부자가 되어 다시 벧엘로 돌아왔다. 벧엘은

'하나님의 집'이란 뜻의 땅으로 아브람이 맨 처음에 장막 쳤던 곳이었지. 아브람은 하나님 앞에 제단을 쌓고 다시 주의 이름을 불렀다.

이집트에서 돌아온 지도 한참이 지났어. 아브람이 이집트에서 얻어온 소떼와 양떼들이 점점 불어나 아브람은 큰 부자가 되었다. 가축들이 새끼에 새끼를 치니 날이 갈수록 그 수가 늘어났지. 아브람 곁에 붙어 있던 롯도 함께 축복을 받아 많은 가축들과 새끼가 늘어나므로 그들은 더 이상 함께 살 수가 없었단다. 물은 부족한데다 가축들이 너무 많아 한 곳에서 키울 수 없었기 때문이었지. 아브람의 목자들과 롯의 목자들이 걸핏하면 가축들에게 먹일 물 때문에 다툼을 일으켰어. 그 땅에 살고 있던 카나안인과 프리스인들 보기에도 부끄러운 일이었지. 생각다 못해 아브람은 롯에게 말했단다.

"얘야, 우리는 한 핏줄이며 삼촌과 조카 사이가 아니냐? 그런데 우리 사이에 다툼이 있어서야 되겠느냐? 땅이 너무 좁아 이런 일이 일어나니 우리가 떨어져 살자. 부탁이니 날 떠나거라. 네 앞에 좋은 땅들이 있으니 네가 먼저 선택해라. 네가 왼쪽으로 가면 나는 오른쪽으로 가고, 네가 오른쪽으로 가면 나는 왼쪽으로 가마."

롯은 눈을 들어 멀리 요단 들판을 바라보았어. 요단은 땅이 기름지고 어디나 물이 넉넉하고 푸른 풀밭이 펼쳐져 있어 모든 것이 에덴동산처럼 풍족하고 아름다웠어.

"좋아요, 삼촌. 저는 저 요단평지로 가서 살겠어요."

"그래라. 난 서쪽으로 가마."

롯은 눈으로 보아서 좋은 요단 동편 땅을 택하여 소돔 성 가까운 도시로 갔어. 아브람에게 남은 요단 서편 땅은 거칠고 메마른 사막이나 다름없는 땅이었지만 아브람은 불평 없이 그 곳을 택해 살았어. 롯을 친자식처럼 사랑했기 때문이었지.

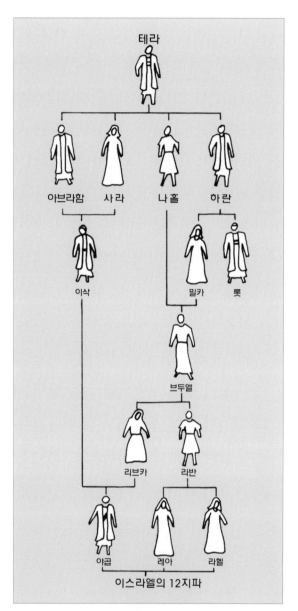

〈아브라함 가계도〉

창세기 14-15장
아브라함의 언약

롯이 아브람에게서 떠난 후, 비로소 하나님은 아브람에게 나타나셨어. 아브람이 이집트에서 저지른 잘못 때문에 하나님은 한 동안 아브람을 찾지 않으셨던 거지. 그런데 오랫동안 들려오지 않던 하나님의 음성이 다시 들려왔어.

"아브람아, 네 눈을 들어 동서남북을 바라보아라. 네 눈에 보이는 모든 땅을 내가 영원히 너와 네 씨에게 줄 것이며, 또 네 씨를 땅의 티끌처럼 불어나게 해주겠다. 만일 사람이 땅의 티끌을 셀 수 있다면 네 씨도 셀 수 있을 것이다. 이제 일어나서 그 땅을 가로세로로 걸어보라. 내가 그것을 모두 네게 줄 테니…"

아브람은 하나님의 말씀을 따라 헤브론으로 옮겨가 마므레 평지에 장막을 쳤어. 그리고 하나님 앞에 제단을 쌓고 약속의 땅을 주신 하나님께 감사드렸다.

한편, 아브람과 헤어져 소돔 근처로 떠났던 롯은 소돔성 안에 자리 잡고 살았어. 그런데 그 당시 북쪽 땅을 다스리고 있던 네 왕이 힘을 합쳐 롯이 살고 있는 남쪽지역인 요단 평지의 남쪽 도시들을 공격하여 전쟁을 일으켰단다. 그들은 사해 바다 부근의 싯딤 골짜기에 모여서 싸웠는데, 남쪽의 왕들이 싸움에서 패하고 말았어. 싸움에 진 소돔과 고모라왕은 도망치다가 역청구덩이에 빠졌고, 나머지는 죽거나 산으로 도망했다. 전쟁터에서 도망 온 사람이 아브람에게 그 소식을 전해주었어.

"아브람! 큰일 났어요! 북쪽나라 왕들이 소돔과 고모라성을 침략하여 사람들과 재물과 양식들을 빼앗아가면서 롯을 잡아갔답니다."

"뭐? 롯이 잡혀가? 그럼 가만있을 수 없지. 얘들아, 모두 싸울 준비를 하여 날 따르라!"

아브람은 집에서 훈련받은 종 318명을 데리고 단까지 추격하여 스무날 만에 빼앗긴 모든 재물과 사람들을 찾아왔어. 아브람이 4만여 명의 북방 연합군을 모조리 쳐부수고 돌아오자, 소돔 왕이 사웨 골짜기까지 직접 나와 아브람을 맞이했단다. 또 하나님의 제사장이기도 했던 살렘 왕 멜기세덱은 떡과 포도주를 가지고 와서 아브람을 축복해 주었지.

"하늘과 땅의 소유주이신 지극히 높은 하나님의 아브람을 축복하시옵소서! 너의 원수들을 네 손에 넘겨주신 지극히 높으신 하나님을 송축하라!"

하고 말이야. 살렘왕의 축복을 받은 아브람은 그에게 전쟁에서 얻은 모든 것에서 십분의 일을 드렸어. 그러자 소돔 왕이 말했단다.

"정말 고맙소. 붙잡혀갔던 사람들만 돌려주고, 전리품은 아브람이 가지시
오."

"왕이여! 하늘과 땅의 주인이신 지극히 높은 하나님 앞에 맹세코 그럴 순
없소. 왕에게서 '내가 아브람을 부자로 만들어 주었다' 는 말을 듣지 않기
위해서라도 왕의 것에서 실 한 오라기나 신발 끈 하나라도 받지 않겠으니
그리 아시오."

소돔 왕은 아브람에게 다시 되찾게 된 재물을 주려했지만 아브람은 거절했
어. 다만 자기 부하들이 수고한 몫이나 주도록 하였지.

그 일이 있은 후, 모두가 잠든 밤중에 하나님께서 아브람을 부르시고 말씀
하셨어.

"아브람아, 두려워 말아라. 나는 너의 방패요 너의 지극히 큰 상급이니라."

하고 말이야. 이번에는 아브람도 하나님께 말씀드렸어.

"주 하나님이시여! 제게 무엇을 주시려하시옵니까? 주께서 제게 씨를 주지 않으셨으니 저는 자식이 없습니다. 제가 죽고 나면 제 집에서 태어나고 자란 청지기 엘리에셀이 제 뒤를 이어 갈 상속자가 될 것입니다."

"아니다. 엘리에셀은 너의 상속자가 되지 않을 것이다. 분명히 말하지만 네 몸에서 나올 씨가 네 상속자가 될 것이다. 자, 밖으로 나가 하늘을 바라보고 별들을 셀 수 있다면 그 별들을 세어보아라. 너의 씨가 그와 같을 것이니라."

아브람은 하나님의 말씀을 조금도 의심하지 않고 모두 믿었어. 하나님도 아브람의 믿음을 좋게 여기시고 아브람에게 큰 복을 약속하셨지.

"나는 이 땅을 네게 주어 자손대대에 물려주게 하려고 널 여기로 불러왔다."

"하오면 제가 하나님께 이 땅을 유업으로 얻은 증거를 무엇으로 알겠습니까?"

"3년 된 암소와 암염소와 숫양과 집비둘기와 산비둘기새끼를 준비해오너라."

아브람이 하나님의 명령대로 준비한 제물들을 주 앞으로 가지고 와서 반으로 쪼개어 마주 세워놓고 지켜보았어. 새들이 날아와 그 위에 내렸지만 아브람이 쫓아냈지. 아브람이 제물을 지키다가 꾸벅꾸벅 졸고 있을 때였어. 주위가 캄캄해지더니 그 속에서 하나님의 음성이 들려왔단다.

"아브람아, 분명히 알아두어라! 네 씨가 타국인이 되어 4백 년 동안 그 나라를 섬길 것이고, 그들은 4백 년 동안 네 자손을 괴롭힐 것이다. 그러나 그 민족을 내가 심판할 것이며, 네 자손들은 큰 재물을 가지고 그 땅을 나와, 4대 만에 이곳으로 다시 돌아올 것이다. 너는 평안히 네 조상에게로 돌아갈 것이며, 충분히 살고 난 뒤 장사될 것이다."

하나님은 그 날 아브람의 제물을 받으시고 제물 사이로 지나시며 아브람에게 불타는 등불과 연기 나는 가마를 보여주셨어. 또 아브람과 굳게 약속하고 언약을 세우셨다는 표적을 보여주셨단다.

"아브람아, 내가 이집트의 나일 강에서 큰 강 유프라테스에 이르기까지 이 모든 땅을 네 씨에게 주었으니, 너와 너희 자손대대로 이 땅의 주인이 될 것이다."

하고 하나님은 아브람에게 굳게 약속하셨다.

창세기 16-17장
하나님의 약속

아브람이 카나안 땅에서 지낸 지도 십년이 지났어. 아브람은 점점 늙어갔고, 75세나 된 사래도 이젠 아기를 낳을 수 없는 늙은이가 되었단다. 그래도 아브람은 하나님의 약속을 굳게 믿고 있었어. 그러나 사래는 걱정이 되었단다. 하나님이 아브람에게 별처럼 많은 후손을 주신다고 했는데, 아무리 기다려도 자신은 여전히 아기를 낳지 못하고 남편의 나이가 점점 많아지니 불안했던 거지. 사래는 생각하다 못해 남편 아브람에게 이렇게 권했다.

"여보, 주께서 당신의 씨가 하늘의 별처럼 많을 거라고 하셨잖아요? 그렇지만 아무래도 늙은 내게는 아기를 안겨주지 않으실 모양이에요. 그러니 내 몸종을 통해 아이를 낳는 게 좋겠어요."

하고 말이다. 사래는 짧은 생각으로 아브람에게 몸종 하갈에게서 자식을 보게 했어. 그 일은 하나님이 명령하신 일이 아닌데도 아브람은 별 생각 없이 사라의 말을 듣고 이집트에서 데려온 여종 하갈을 아내로 삼았지. 그러자 하갈이 아기를 잉태했어. 하갈은 아이를 잉태하자 아기를 낳지 못하는 사래를 무시하고 함부로 대했다.

"흥! 내게 일시키지 마세요. 난 주인의 아기를 잉태했다고요. 아기도 못 낳는 늙은이 주제에…."

사래는 너무 속이 상하고 기가 막혀 아브람에게 따졌어.

"여보, 어쩜 이럴 수가 있어요? 아기 못 낳는 것도 서러운데 여종에게서 아길 낳지 못한다고 무시당해야 하나요? 이 일은 하나님께서 판단해주시기 원해요."

"난 당신이 시키는 대로 했을 뿐이오. 하갈은 당신 종이니 당신 마음대로 하오."

사래는 그 말을 듣고 하갈을 구박했어. 그러자 하갈은 아브람이 아기를 가진 자기편을 들어주지 않고 사래를 편들어준다고 화를 내며 집을 나가버렸단다. 가출한 하갈은 광야의 샘 부근에서 방황하고 있었어. 그 때, 주의 천사가 하갈을 불렀어.

"사래의 여종 하갈아, 네가 지금 어디로 가고 있느냐?"

"저는 여주인 사래에게서 도망치고 있나이다."

"하갈아, 네 주인에게로 돌아가 그에게 복종하여라. 내가 네 씨를 크게 늘릴 것이니 너는 셀 수없이 많은 자손을 얻게 될 게다. 하나님께서 너의 고통을 들으셨으니 너는 아들을 낳을 것이다. 그 이름을 이스마엘이라 하여

라. 그는 거친 사람이 될 것이고, 그의 손이 모든 사람을 대적하겠으며, 모든 사람이 그를 대적할 것이다."

또 후일 이스마엘의 후손이 하나님의 백성인 유대인과 나란히 살 거라고도 했다.

"오! 하나님이 절 보고 계시옵니까? 정말 절 지켜보시는 분을 지금 제 눈으로 보고 있단 말씀입니까?"

하갈은 천사의 말을 들으며 너무 놀라 눈을 비비고 그를 보았어. 그리고 자신이 서 있는 땅을 '보고 계신다'는 뜻으로 브엘라헤로이'라고 하며 사래에게로 돌아갔어. 그리하여 아브람이 86세 되던 해에 아들을 낳아 이름을 이스마엘이라 불렀다.

12년의 세월이 흘러갔어. 아브람은 이제 아흔아홉 살의 할아버지가 되었지. 그런데 그 때까지도 하나님은 아브람에게 나타나지 않으셨단다. 왜 그런 줄 아니? 그건 아브람이 하나님의 약속을 기다리지 않고 성급하게 함족 출신인 여종 하갈을 통해 자식을 얻는 잘못을 저질렀기 때문이었지. 그래서 아브람에게 나타나신 하나님은 먼저 그 일에 대해서 아브람을 꾸짖으셨어.

"아브람아, 나는 무엇이든 할 수 있는 하나님이다. 너는 내 앞에서 완전하고 올바르게 행동하여야 한다. 거듭 말하거니와 내가 나와 너 사이에 언약을 세우겠다. 내가 네게 수많은 자손을 줄 것이며, 너는 많은 민족들의 아비가 될 것이다."

아브람은 얼른 땅에 엎드렸다. 하나님은 아브람과 더불어 말씀을 계속하셨어.

"이제 네 이름은 아브람이라 하지 말고 '아브라함'이라고 고쳐라. 이는 내가 너로 수많은 민족의 아비가 되게 했기 때문이다."

하나님은 친구에게 이야기하듯 아브라함에게 다정하고 자상하게 말씀하셨어.

"내가 네게 많은 후손을 낳게 하고, 큰 민족을 이루게 하리니 네게서 수많은 왕들이 나올 것이다. 내가 너와 네 후손 사이에 대대로 영원한 언약을 세우리니, 나는 너와 네 후손의 하나님이 될 것이다. 네가 타국인으로 살고 있는 이곳 카나안의 모든 땅을 너희에게 주어 영원히 너희 소유가 되게 하고, 나는 그들의 하나님이 될 것이다."

하나님의 축복은 굉장했단다. 뿐만 아니라 앞으로 아브라함에게서 태어날 헤아릴 수 없이 많은 후손까지도 대대로 그 복과 언약을 지켜야 한다고 명령하셨다. 그리고 언약을 지키는 표시로 모든 남자는 난지 8일이 되면 성기의 포피 살을 베어내어 할례를 받으라고 하셨지. 할례는 이스라엘 집안의 모든 사내아이뿐 아니라 그 집안에 속한 모든 사내까지 다 받게 하셨어. 그래서 그들의 살 속에 하나님과의 언약을 표시하도록 하셨던 거란다. 그리고 엄숙히 명령하셨어.

"할례를 받지 않은 사내아이는 백성 중에서 끊어질 것이니 그가 내 언약을 위반했기 때문이니라."

하나님과 아브라함과 그의 후손들과의 사이에 언약이 굳게 맺어졌다. 이제 아브람(높은 아버지)이란 이름은 아브라함으로 바뀌었어. '많은 민족의 아비'란 뜻으로 하나님께서 지어주신 이름이었지. 뿐만 아니라 사래의 이름도 새롭게 지어주셨어. '사래(다툼쟁이)'라는 이름에서 '사라(공주)'라는 이름으로 바뀐 거지.

"이제부터 네 아내의 이름을 사래라고 부르지 말고 '사라'라고 하라. 내가 그녀에게 복을 주어서 그녀로부터도 네게 한 아들을 주고, 복되게 하여 민족들의 어미가 되게 할 것이다. 백성의 왕들이 그녀에게서 나올 것이다."

그 말씀을 듣고 아브라함은 속으로 웃으며 생각했단다.

'하나님도 참! 내가 백 세, 사라도 구십 세인데 어떻게 아기를 낳는다 하실까?'

아브라함은 자신은 이제 가망이 없다는 생각에 이렇게 말씀드렸어.

"하나님, 이스마엘이나 하나님 앞에 잘 살게 해 주소서."

그러나 하나님은 아브라함의 말에 거듭 말씀하셨단다.

"아니다. 정말 네 아내 사라가 네게서 아들을 낳을 것이다. 너는 그 아이 이름을 '이삭' 이라고 지어라. 내가 그 아이에게 많은 자손을 낳게 할 것이고, 내가 그와 그의 씨에게 내 언약을 세울 것이니 영원한 언약이 될 것이다."

하나님은 이스마엘의 미래에 대한 말씀도 빼놓지 않으셨단다.

"내가 이스마엘에 대한 너의 소원도 들어주겠다. 두고 보아라. 내가 그에게도 복을 주었다. 그에게서도 수많은 자손이 태어나고, 열 두 통치자가 나올 것이다. 내가 그에게 큰 민족을 이루게 하리라. 하지만 나의 언약은 사라가 내년 이맘때 네게 낳아줄 이삭과 세우겠다."

하나님은 이삭과 이야기를 마치시고 아브라함을 떠나 하늘로 올라가셨어. 아브라함은 하나님께서 말씀하신 대로 그 날 당장 열세 살 난 아들 이스마엘과 집안의 모든 남자들에게 할례를 받게 했어.

그 후, 하나님은 마므레 평지에 살고 있는 아브라함에게 다시 나타나셨어. 아브라함이 장막 문 앞에 앉아 더위를 식히고 있을 때였어. 세 사람의 나그네가 장막 문 곁에 와 서지 않겠니? 그들의 모습은 예사사람 같지가 않았지. 아브라함은 하나님이 가끔 천사의 모습으로 땅에 내려오셔서 사람들에게 말씀하신다는 것을 알고 있었단다. 그래서 얼른 뛰어나가 몸을 땅에 굽혀 공손히 절하며 말했지.

"내 주여! 주의 종에게서 그냥 지나쳐가지 마시고 발을 씻겨드리겠사오니 나무그늘 아래에서 잠시 쉬어가소서. 이렇게 종에게 오셨으니 음식도 좀 드시고 당신들의 마음을 위로하신 후에 갈 길을 가시기 바랍니다."

"그래? 그럼 그렇게 하겠다."

손님들은 순순히 그러마하였다. 아브라함은 급히 장막에 들어가 사라에게 말했지.

"사라, 고운 가루 세 되를 속히 가져다가 반죽을 하여 과자를 구우시오. 어서!"

아브라함은 또 송아지 한 마리를 일꾼에게 잡아주어 요리를 하게 하였지. 그리하여 우유와 버터와 송아지고기 요리를 차려 손님 앞에 내 놓고 곁에 서서 공손히 시중을 들었단다. 손님들이 음식을 다 먹은 뒤 아브라함에게 물었다.

"네 아내 사라는 어디 있느냐?"

"네? 저 장막 안에 있습니다."

"그래? 내가 생명의 때를 따라 분명히 네게로 다시 올 것이니 두고 보아라. 네 아내가 아들을 잉태할 것이다."

사라가 장막 뒤에 서 있다가 그 말을 듣고 속으로 웃으며 중얼거렸어.

'내가 이렇게 늙었고, 주인도 늙었는데 어찌 그런 즐거움이 있으려고…'

그러자 주께서 아브라함에게 말씀하시기를,

"네 아내 사라가 어찌하여 '늙은 내가 어떻게 아이를 낳을 수 있겠는가?' 하면서 웃느냐? 주께서 어려워 못하는 일이 있겠느냐? 생명의 때를 따라 내가 정해진 기간에 네게 다시 올 것이니 그 땐 분명히 사라가 아기를 가질 것이니라."

"아닙니다. 아닙니다! 전 웃지 않았습니다."

"아니다. 넌 분명히 웃었다."

사라는 당황해서 변명했지만 세 손님 가운데 한 분은 사람의 생각까지 아시는 주의 천사라 변명이 통하지 않았단다.

창세기 18-19장
소돔과 고모라의 멸망

식사를 마친 주의 천사들이 일어나 소돔 쪽을 향해 길을 나섰어. 아브라함도 그들을 배웅하려고 따라나섰지. 그 때 주의 천사와 천사들이 서로 의논했단다.

"우리가 하려는 일을 어찌 아브라함에게 숨기겠느냐? 그는 분명 민족의 아비가 될 것이며 땅의 모든 민족이 그 안에서 복을 받을 것인데…."

"그가 자기 자식들과 후대에 올 자기 후손들에게 하나님의 공의와 도를 지킬 것이고 하나님께서 아브라함에게 말한 모든 예언이 그를 통해 이루어질 것 아닌가?"

하나님은 함께 온 천사들과 의논한 끝에 아브라함에게 사실대로 말씀해주셨어.

"아브라함아, 사실 우리는 소돔과 고모라의 땅이 크게 부르짖고 그들의 죄가 가득 차서 이제 우리가 직접 가서 알아보고 심판하러 왔느니라."

말씀을 마친 주의 천사와 두 천사가 소돔을 향해 발걸음을 옮기자 아브라함은 차마 돌아서지 못하고 머뭇머뭇 천사들의 뒤를 따라가다가 용기를 내어 가까이 다가가 물었어.

"저어⋯. 주께서는 악인과 의인을 함께 멸망시키려 하십니까? 부디 의인을 악인과 함께 죽이지 마시고 의인을 악인처럼 여기지 마옵소서. 혹시 그 성에 의인 오십 명이 있다면 그들을 위해 그 성을 남겨두시겠습니까? 주께서 온 땅의 심판자시라면 공평하게 심판하셔야 하지 않겠나이까?"

"그래? 만일 그 성에 의인 오십 명이 남아 있다면 나의 계획을 취소하지."

그러나 아브라함은 그 중에 오십 명이 없으면 어쩌나 하는 생각에 불안했어.

"저어⋯. 티끌과 재와 같은 소인이 감히 주께 말씀드리옵니다. 혹시 오십 명 중에 다섯이 부족하면 그 부족한 다섯 명 때문에 그 성을 멸하시겠나이까?"

"만일 사십오 명을 그 성에서 찾는다면 그 곳을 멸하지 않겠다."

"혹시 사십 명 밖에 없다면 어찌하시겠습니까?"

"사십 명만 있어도 용서해 주지."

"오, 주께서는 화내지 말고 들어주옵소서. 삼십 명이면요?"

"삼십 명이라도 용서해 주겠다."

"이십 명은 어찌하시겠나이까?"

"이십 명이라도 용서하지."

아브라함은 설마 열 명이야 있겠지 싶어 차마 떨어지지 않는 입을 열었다.

"오, 주여! 노하지 마옵소서. 소인이 한번만 더 말씀드리도록 허락하소서. 혹시 거기서 열 명밖에 못 찾으시면 어찌하시겠습니까?"

"열 명만 있어도 그들을 위해 그 성을 멸하지 않겠다."

주 하나님께서 말씀을 마치시고 곧 갈 길을 가시고 아브라함도 자기 집으로 돌아왔어. 어느새 땅거미가 지고 있었지. 두 천사가 소돔 성에 들어가니 성문에 앉아 있던 롯이 그들을 보고 일어나 공손히 맞이하며 얼굴을 땅에 대고 절을 하며 말했어.

"내 주여! 청하오니 종의 집으로 가서서 하룻밤을 머무르시고 발을 씻고 편히 쉬신 후에 내일 아침 일찍 갈 길을 가시지요."

"아니다. 우리는 너의 집에 가지 않고 거리에서 밤을 지낼 것이니라."

천사들은 처음에는 거절했지만 롯이 자꾸 권하는 바람에 할 수 없이 롯의 집으로 갔어. 롯은 그들을 위해 과자를 굽고 잔치를 베풀었지. 손님들은 롯이 차려준 음식을 맛있게 먹었어. 그런데 천사들이 잠자리에 들기도 전에 그 성에 사는 남자들이 와서 롯의 집을 둘러싸고 큰 소리로 떠들었어.

"어이, 롯! 오늘 밤 자네 집에 온 손님들이 있지? 제법 반반하게 생겼던데 그들을 이리 데려오시지. 우리도 그들과 함께 즐기고 싶단 말이야."

소돔성에 사는 사람들은 대부분이 하나님이 아주 싫어하는 짓을 하는 동성연애자들이었단다. 그들은 남자들끼리 연애하는 자들이었지. 사탄이 가르친 그 악한 짓을 하나님의 천사에게도 저지르려고 하였어. 그들의 버릇을 잘 아

는 롯은 그들에게로 나가 뒤로 문을 닫고 말했다.

"이보게들, 제발 진정하게. 내게 두 딸이 있으니 데려가 자네들이 하고 싶
은 대로 하고 이들은 나의 손님으로 온 분들이니 그분들에게 악한 짓을 하
지 말아주게나."

"뭐라고? 이놈이 눈에 뵈는 게 없나. 흥! 이놈부터 먼저 손 좀 봐야겠는걸."

"이자가 건방지게 우리 성에 굴러들어 와서 재판관 행세를 하려고 하는
것도 얄미운데 뭐가 어째? 그렇게는 안 되겠는데 어쩌지?"

그들은 롯을 거칠게 밀쳐내고 문을 부수려고 했어. 그러자 안에 있던 천사
들이 얼른 손을 내밀어 롯을 끌어당기고 문을 닫았단다. 그리고 집 밖에 있는

사람들의 눈을 쳐서 그들의 눈을 멀게 했어.

"어이, 이게 웬 일이야? 아무 것도 안 보이니 이게 무슨 조화야?"

소돔인들이 문을 찾아 헤매는 사이 천사들은 롯에게 자신들의 정체를 알렸어.

"여기 너희 말고 누가 더 있느냐? 사위와 네 아들들과 딸들과 네게 속한 자는 모두 데리고 급히 이곳에서 빠져나가도록 하여라."

"우리는 하늘에서 내려온 천사이니라. 소돔성의 죄악이 하늘에까지 도달하여 하나님께서 이 성을 멸하려 하시니 오늘 밤 우리가 이곳을 파괴시킬 것이다."

롯은 천사의 말을 듣고 너무 놀라 급히 딸들과 사위들에게 이 사실을 알려주었다. 그러나 사위들은 코웃음을 치며 들으려하지 않았어.

"장인어른, 지금 꿈 이야기하십니까? 천사라니요? 멀쩡한 도시가 왜 불탑니까?"

"제발 내 말 좀 듣게. 어서 여길 떠나야 하네. 잠시 후면 여긴 불바다가 된대도."

사위들은 롯이 아무리 설명해 주어도 장인이 농담하는 것으로 여기고 더 이상 들으려하지 않았어. 동이 트고 사방이 밝아오자 천사들은 롯을 재촉하였다.

"롯, 어서 일어나서 네 아내와 두 딸을 데리고 이 성을 떠나라! 그래야 너희가 이 죄악의 도시와 함께 불타지 않을 것이다."

롯이 어쩔 줄 모르고 머뭇거리자 천사들이 롯과 그의 가족들의 손을 잡고 그들을 성 밖으로 이끌어내셨어. 주께서 그들에게 자비를 베풀어 주신 거지.

"어서 도망하여 목숨을 보호하라. 뒤를 돌아보거나 그 어떤 평지에도 머무르지 말고 저기 보이는 산으로 달아나야 한다. 그래야만 너희가 재앙을 면할 것이다."

천사들은 몇 번이고 롯의 가족들에게 급히 피하라고 소리쳤다. 그래도 롯은,
"오, 내 주여, 주께서 자비를 베풀어 저를 살려 주셨지만 저 산까지 가기도
전에 재앙이 임해 죽을 것입니다. 저 앞의 소알 성으로 피할 때까지만 절
살려주소서."

롯은 30분이나 걸리는 산에까지는 도저히 갈 자신이 없다고 사정했단다.
"좋다, 그 청도 들어주마. 소알 성을 무너뜨리지 않을 테니 서둘러 그 곳으
로 피하라. 네가 그 곳에 도착하기 전에는 내가 아무 일도 할 수 없노라."

소알 성에는 다행히 열 명의 의인이 남아 있어서 천사는 롯의 청을 쉽게 들

어 줄 수 있었어. 롯이 소알 성으로 피하자 하나님께서 하늘로부터 소돔과 고모라 성 위에 유황과 불을 비처럼 쏟아 부으셨다. 소돔과 고모라가 어떻게 됐겠니? 멋지게 꾸며놓은 도시와 마을, 들판에 잘 익은 풍성한 곡식과 아름답게 피어있던 꽃들과 풀과 나무…. 모든 것이 순식간에 불타 잿더미로 변하고 말았단다.

하나님께서는 죄악으로 가득 찬 소돔을 무너뜨리실 때, 아브라함을 기억하시고 롯을 그 속에서 건져주셨지. 그렇지만 롯은 소알 성읍으로 피해 겨우 목숨을 건지긴 했지만 소알에서도 오래 살 수가 없었단다. 그곳 사람들은 롯의 가족을 달가워하지 않았거든. 그런데다 소알 사람들도 타락하기는 소돔과 별로 다를 게 없었어. 그러니 그곳도 곧 하나님의 심판을 받을 거라는 생각이 들어 겁이 났던 거야.

롯은 산으로 피하라는 천사의 말을 기억하고 두 딸과 함께 산 속으로 들어가 동굴 속에서 생활하게 되었어. 롯의 아내는 어떻게 되었냐고? 롯의 아내는 들에 머물지도 말고 뒤를 돌아보면 안 된다는 천사의 말을 어기고 집에 남겨두고 온 것들이 아까워 우물거렸어. 그러다 자기 집이 어떻게 됐는지 궁금하여 뒤를 돌아보는 바람에 소금기둥이 되고 말았단다.

이튿날, 아브라함은 소돔이 궁금하여 이른 아침부터 일어나 높은 언덕에 올라가 소돔성과 고모라 쪽을 바라보았어. 그곳에서 용광로처럼 허연 연기가 뭉게뭉게 하늘로 피어올라가고 있었지.

"아아! 기어이 소돔성이 멸망했구나."

아브라함은 롯을 생각하니 가슴이 찢어질 듯 아파 한숨을 푹 내쉬었어.

창세기 20-21장
이삭의 출생

아브라함은 다시 남쪽으로 장막을 옮겨갔어. 그 당시에는 대부분의 사람들이 소나 양을 치면서 살았기 때문에 가축을 길러서 먹고사는 사람들은 소떼나 양떼에게 풀을 먹이기 위해서 풀밭이 좋은 땅을 찾아서 옮겨 다녀야 했단다. 아브라함도 마므레 평지에는 더 이상 양떼를 칠 수가 없어 카데스와 술 사이에 있는 골짜기로 내려갔던 거란다. 그런데 잠시 그랄 지방으로 갔다가 아브라함은 또다시 실수를 저질렀어. 이집트에서 겪은 실수를 두 번이나 되풀이 했던 거지. 그 땅의 사람들이 자기를 죽일 까봐 두려워 아내인 사라를 누이 동생이라고 속였던 거야.

그랄 왕은 사라가 뛰어나게 아름답다는 소문을 듣고 후궁으로 삼으려고 사라를 궁궐로 데려오게 했어. 그런데 그날 밤에 하나님께서 그랄 왕 아비멜렉에게 나타나셔서 무섭게 꾸짖으셨단다.

"여봐라! 아비멜렉, 오늘 네가 데려온 여인으로 인해 너는 죽은 사람이 될 것이니라. 그 여인은 다른 사람의 아내이기 때문이다."

아비멜렉은 너무 억울해서 하나님께 따졌어.

"주께서는 무고한 사람도 죽이십니까? 저는 도리에 어긋난 짓은 하지 않았습니다. 그가 자기 아내를 누이라고 했고, 그 여인도 남편을 오빠라고 하지 않았습니까?"

"그런 줄은 나도 알고 있다. 그래서 네가 죄를 짓지 못하게 막는 것이다. 그 여인을 더 이상 가까이하지 말고 그 사람에게 돌려주어라. 그가 선지자이니 기도하여 너를 살려줄 것이다. 그렇지 않으면 너와 네게 속한 모든 자들이 죽을 것이다."

아침에 잠에서 깨어난 아비멜렉이 모든 신하들을 모아놓고 꿈 이야기를 하자 모두가 겁이 나서 덜덜 떨었다. 왕은 당장 아브라함을 불러 크게 야단을 쳤어.

"네가 왜 이런 짓을 했느냐? 내가 네게 뭘 잘못했다고 우리 왕국에 큰 재앙을 가져온 거냔 말이다. 넌 내게 해서는 안 되는 짓을 저질렀다."

"정말 죄송합니다. 이 나라에 사는 사람들은 하나님 무서운 줄을 모르는 사람들이라 나를 죽이고 아내를 빼앗을까 봐 그랬습니다. 실제로 그는 나의 이복누이인데 아내로 삼은 것입니다. 그래서 낯선 곳에 가면 오라비 행세를 하곤 하는지라…"

"얼른 네 아내를 데려가라! 네가 꼭 원한다면 내 땅에서 사는 것은 허락

하겠다."

아비멜렉은 사라와 함께 예물로 주었던 양과 소와 종들까지 아브라함에게 그대로 주고 자기 땅에서 살도록 해 주었다. 그리고 사라를 크게 꾸짖었어.

"네 남편에게 은 천 개를 주었으니 나는 이제 죄가 없다. 흥! 너는 네 오라비를 남편으로 삼아 많은 사람들에게 눈가리개로 이용하는구나. 이젠 그 얼굴을 좀 감추고 다니도록 하라."

아비멜렉은 당장 사라를 보내주었어. 아브라함도 그를 위해 기도를 해 주어서 하나님께서 아비멜렉의 집안에 태를 열어주셨지. 하나님은 이번에도 아브라함이 큰 실수를 저질렀지만 약속의 씨를 보호하기 위해서 사라를 지켜주신 것이었어. 아브라함이 거짓말을 한 것은 나빴지만 하나님은 약속의 씨를 보호하기 위해 사라를 보호하여 주신 거란다.

주께서 말씀하신 대로 약속한 때가 되자 사라는 정말 아들을 낳았어. 아브라함은 하나님께서 지어주신 대로 아이의 이름을 '이삭' 이라고 불렀다.

"지난번에 하나님이 오셔서 아들을 낳을 거라고 하셨을 땐 도저히 믿기지 않는 말씀이라서 웃었지. 그런데 하나님께서 정말 나에게 큰 웃음을 주셨어. 사라가 백 살 된 남편에게서 아들을 낳았다는 말을 듣는다면 웃지 않을 사람이 어디 있겠는가?"

"맞아. 사라가 아들을 낳아 젖을 물릴 줄이야!"

사라는 진심으로 크게 웃었어. 아브라함도 기뻐서 싱글벙글하였지. 8일이 되자 아기는 할례를 받았어. 아기가 자라는 동안 아브라함의 집안에는 웃음이 떠나지 않았어. 아이가 자라 젖을 떼자 아브라함은 큰 잔치를 베풀었단다. 이삭은 많은 사람에게 웃음을 주며 온 집안의 극진한 사랑 속에서 무럭무럭 잘 자랐어. 그런데 아이가 자라자 새로운 문제가 불거지기 시작했어. 여종 하갈이 낳은 자식인 이스마엘이 걸핏하면 이삭을 괴롭혔단다. 어느 날 사라는 이스마엘이 이삭을 괴롭히는 것을 보고 머리끝까지 화가 났다. 그래서 아브라함에게 따졌단다.

"아브라함! 이스마엘이 한 짓을 좀 봐요. 글쎄 이삭의 얼굴을 이렇게 큰 상처를 내어놓았잖아요. 이젠 더 이상은 못 참아요. 그러니 하갈과 이스마엘을 내쫓으세요. 여종의 아들은 내 아들과 함께 절대 상속받게 할 수 없단 말이에요."

아브라함은 마음이 무척 괴로웠단다. 14년 동안 정들여 기른 이스마엘이 큰 근심거리가 될 거라곤 생각지도 않은 일이라 어떻게 해야 좋을지 몰라 고민이었지.

아브라함이 괴로워하는 것을 보고 하나님이 말씀하셨다.

"아브라함아! 괴로워말고 사라가 하는 말을 들어라. 왜냐면 이삭에게서 난 자가 네 씨라고 불릴 것이기 때문이다. 염려 말고 이스마엘을 내보내라. 내가 여종의 아들도 한 민족을 이루게 해 주겠다. 그 아이도 너의 씨이니 말이다."

하나님의 말씀에 마음을 정한 아브라함은 이른 아침에 일어나 하갈을 불러
가죽부대에 빵과 물 한 병을 넣어 어깨에 지어주며 아들과 함께 떠나보냈다.

하갈은 고향 이집트로 돌아가기 위해서 남서쪽을 향해 길을 떠났어. 그런데
그만 브엘세바의 광야에서 길을 잃고 말았단다. 물병의 물은 다 떨어지고 아
이는 목이 타서 거의 죽을 지경에 빠졌지. 하갈은 아이를 나무그늘 아래 뉘어
놓고 아들의 죽음을 보지 않으려고 화
살 닿는 거리에 떨어져 앉아 목 놓아
울었어. 그 때 하나님의 천사가 하갈
을 불렀다.

"하갈아, 네가 무엇이 겁나서 울고 있느냐? 두려워 말라. 하나님이 아이의 신음소리를 들었느니라. 어서 가서 아이의 손을 잡아 일으키라. 내가 그로 큰 민족을 이루게 해 줄 것이다."

하나님께서 하갈에게 눈을 열어주시니 하갈이 근처에 있는 샘물을 발견하고 뛰어가 물병에 채워 아이에게 마시게 했어. 하나님께서 아브라함에게 약속한 대로 이스마엘은 걱정할 것이 없었어. 하나님께서 그 아이를 돌봐주셨기 때문이었지.

이스마엘은 파란광야에 살며 님롯처럼 활을 잘 쏘는 사냥꾼이 됐어. 그리고 점점 강해지고 늠름한 청년이 되어갔지. 하갈은 이집트 여인을 데려와 아내로 삼게 했어.

그 무렵, 그랄왕 아비멜렉이 아브라함을 찾아왔어. 아비멜렉은 하나님이 함께 하시는 아브라함이 또 무슨 짓을 할지 몰라 불안하여 동맹을 맺어두기 위해 온 것이었어. 아브라함과 적이 되는 것보다 한편이 되는 게 좋다고 생각한 거지.

"아브라함! 나는 네가 하는 모든 일에 하나님께서 함께 하시는 줄 알고 있다. 그러니 내가 너에게 친절을 베푼 것처럼 너도 우리 땅에 살면서 나와 나의 자손들에게 그렇게 해 주기를 바란다. 하나님의 이름으로 맹세하라."

"좋습니다. 맹세하지요. 하지만 당신의 종들은 내가 판 우물을 빼앗아 갔으니 당신들도 내게 약속해 주시오. 이 우물이 내 소유라는 사실을 말이오."

그리하여 아브라함은 암양 일곱 마리를 주고 자신의 우물이라는 증거를 삼았어. 그래서 후일 사람들은 그 우물을 '브엘세바', 즉 '맹세의 우물'이라고 불렀지.

아브라함은 그 땅에서 에셀 나무를 심고 영원하신 하나님의 이름을 부르면서 한동안 필리스티아 땅에서 살았다.

창세기 22장
아브라함의 시험

자기가 사랑하는 것들에 대해 시험을 받아보지 않은 사람은 자신의 사랑이 얼마나 진실한지 잘 모른단다. 어느 날 하나님께서는 아브라함이 얼마나 하나님을 믿고 사랑하는지 시험해 보시기 위해서 그를 불러 명령하셨어.

"아브라함아! 네가 사랑하는 독자 이삭을 모리아 땅으로 데려가라. 그리고 내가 지시하는 산에서 그 아이를 번제로 드려라."

세상에! 사랑하는 독자를 불에 태워 제사를 드리라니! 그렇게 끔찍한 명령을 내리셨는데도 아브라함은 아무 불평 없이 그 명령에 순종했어. 아브라함은 아침 일찍 일어나 나귀에 안장을 얹어 아이를 데리고 길을 떠났지. 종들에게 아이를 불에 태울 장작을 실러서 말이야. 사흘이나 걸린 끝에 아브라함은 모리야 땅에 도착했어. 가는 길에 아브라함은 수없이 고민하고 몇 번이나 포기하고 싶었을 거야. 사탄은 이렇게 유혹했겠지.

"약속의 씨라고 준 아들을 태워 죽이라니! 그렇게 냉정한 하나님의 명령을 믿고 따르는 건 어리석은 짓이야. 저렇게 소중한 아들을 죽이고 무슨 낙으로 살지? 이젠 사라가 너무 늙어 임신할 수도 없는데…. 다 그만두고 집으로 돌아가지 그래."

사탄은 하나님을 배반하라고 수없이 속삭였을 거야. 그렇지만 아브라함은 그 모든 유혹을 물리치고 모리야 땅까지 갔어. 모리야 땅은 먼 훗날에 성전 터가 될 땅이었어. 먼 후일에 태어나실 메시야가 십자가에 달릴 때 자신이 달리실 십자가를 메고 걸어가실 그 길이었지. 산기슭에 이르자 아브라함이 종들에게 말했어.

"너희는 여기서 기다려라. 나와 아이는 산위로 가서 경배를 드리고 돌아오겠다."

아브라함은 종들을 산 밑에서 기다리게 하고 번제에 쓸 장작을 이삭에게 지워 산으로 올라갔단다. 가면서 이삭이 궁금함을 참지 못하고 물었어.

"아버지! 부싯돌과 나무와 칼은 여기 있는데 번제에 쓸 어린 양은 어디 있어요?"

"걱정마라 내 아들아, 하나님께서 마련해주실 것이다."

두 사람은 말없이 골고다 길을 걸어 하나님이 지시하신 장소에 도착했어. 아브라함은 그 곳에 제단을 쌓은 후 재빨리 이삭을 꽁꽁 묶어 쪼갠 장작 위에 올려놓았지.

"아버지! 왜 이러세요? 저를 번제로 드리시려는 거예요? 으아~. 무서워요!"

이삭이 비명을 질렀지만 아브라함은 칼을 높이 치켜들어 이삭을 찌르려고 했어. 그 때, 하늘에서 주의 천사가 급히 소리쳤단다.

"아브라함아! 아브라함아!"

"주여, 제가 여기 있나이다. 말씀하소서."

"그 아이에게 손대지 말고 아무 짓도 하지 말라! 네가 네 독자라도 내게 아끼지 않는 것을 보았으니, 네가 하나님을 두려워하고 사랑하는 줄 확실히 알았느니라."

"오, 하나님이시여! 제가 주를 믿고 사랑하는 줄은 주께서 아시나이다."

아브라함이 들었던 칼을 내려놓고 옆을 보니 수풀에 걸린 숫양 한 마리가 보였어. 아브라함은 얼른 달려가 그 숫양을 잡아와서 번제를 드렸지. 그 후 사람들은 오늘날까지도 그곳을 '주의 산에서 그것이 보였다' 는 뜻으로 '여호와 이레' 라고 부른단다. 하나님께서 자신을 번제에 쓸 어린 양으로 내주시는 모습을 미리 보여주신 거지.

그 때, 두 번째로 주의 천사가 하늘에서 아브라함을 불렀어.

"아브라함아! 네가 소중한 씨라도 내게 아끼지 않는다는 걸 알았다. 그러니 주가 맹세하노라. 내가 너에게 복으로 복주고, 번성으로 내가 너의 씨들을 하늘의 별처럼 바닷가의 모래처럼 늘려줄 것이다. 또 네 씨가 원수들의 문을 차지할 것이며, 네 씨 안에서 땅의 모든 민족이 복을 받을 것이다. 네가 변함없이 나를 사랑하고 끝까지 내 명령에 순종하였기 때문이다."

아브라함은 다시 종들에게로 돌아와 나귀를 타고 브엘세바로 돌아왔어. 그 후로 아브라함이 겪은 일은 입에서 입으로 퍼져 많은 사람들에게 알려졌단다. 그 소문을 듣는 사람마다 아브라함의 믿음을 높이 인정하고 그를 '믿음의 조상' 이라 불렀다.

그 후 30여 년의 세월이 흘렀다. 아브라함은 살던 곳에서 조금씩 자리를 옮겨갔어. 아브라함이 카나안 땅 헤브론의 키럇아르바로 옮겨 갔을 때 사라가 백 이십칠 세의 나이로 죽었다. 아브라함은 사라를 위해 울며 곡하고 난 뒤 그 땅에 살고 있는 헷의 아들들을 찾아가 말했단다.

"나는 타국인으로서 당신들의 땅에 살고 있는 사람이오. 그러니 당신들 가운데 매장지 한 곳을 내게 주어 나의 아내를 장사지내게 해 주시오."

"당신은 이 땅에서 가장 강한 통치자가 아닙니까. 우리 땅의 묘실 중 마음에 드는 것을 골라 장사하시지요. 당신이 하는 일이라면 아무도 반대하지 않을 것입니다."

"그렇다면 소할의 아들 에프론에게 부탁하여 그의 소유 중 들판 끝에 있는 막펠라 굴을 내게 팔도록 해 주시오. 가격은 시세대로 치르겠소."

그러자 에프론이 여러 사람들이 있는 가운데 아브라함에게 이렇게 말했다.

"내 백성들 앞에서 제가 한 말씀드리겠습니다. 그 들판을 당신께 거저 드리겠습니다. 물론 그 굴도 함께 드리죠. 그 곳에 고인을 장사지내도록 하시기 바랍니다."

"고맙소. 그렇지만 당신이 정말 그 땅을 내게 주겠다면 내가 꼭 값을 치르겠소."

"아닙니다. 그 땅은 은 사백 세켈 정도지만 당신과 나 사이에는 아무 상관이 없으니 그냥 쓰시기 바랍니다."

에프론은 기어이 그 땅을 그냥 주겠다고 했지만 아브라함은 사람들 앞에서 그들의 토지거래법전에 따라 은 사백 세켈을 달아주고 막펠라 굴을 샀지. 그뿐 아니라 굴이 있는 주변 땅까지 모두 사들여 사라를 그 곳에다 장사지냈어. 그리하여 그 굴은 많은 사람들 앞에서 아브라함의 소유라는 것이 정해졌단다.

창세기 24장
이삭과 리브카의 결혼

아브라함은 나이가 많아 점점 늙어갔어. 그렇지만 하나님께서 아브라함에게 복을 주시므로 아무 걱정 없이 잘 살았지. 그런데 이삭이 나이가 차서 결혼할 때가 되자 아브라함은 어릴 때부터 길러온 종 엘리에셀을 불러 말했어.

"너는 내 넓적다리 밑에 손을 넣어 하늘과 땅의 주이신 하나님의 이름을 두고 내게 맹세하여라. 너는 카나안의 딸들 중에서 내 아들의 아내를 찾지 말고 내 고향으로 가서 내 친척 중에서 이삭의 신부를 찾아 데려오너라."

"주인님, 메소포타미아 땅으로 가란 말씀입니까?"

"그렇다. 하란에 사는 형님 나홀이 많은 자식을 낳고 잘 살고 있다는 소문을 진작부터 듣고 있었다. 그 중에 이삭의 사촌 브두엘이 '리브카' 란 딸을 낳았다고 하더라. 그 아이라면 이삭의 아내로 부족하지 않을 것이다."

"만일 리브카가 절 따라오지 않으려고 하면 어쩝니까? 이삭과 함께 갈깝쇼?"

"아니다. 하나님께서 그곳에서 나를 데리고 나오시며 이 땅을 내 씨에게 주리라고 하셨으니, 그분이 천사를 앞서 보내서 내 며느리를 데려오도록 해주실 것이다. 만일 그 아이가 널 따라오지 않으려고 하면 너는 이 맹세를 지키지 않아도 좋다."

엘리에셀은 주인에게 맹세하고 주인의 지시를 따라 하란을 향하여 길을 떠났어. 열 마리의 낙타 등에 주인이 보내는 온갖 선물들을 싣고서 말이야. 나홀이 사는 땅은 아주 멀었단다. 몇날 며칠이 걸려 하란에 이르러 보니 마침 저녁 무렵이 되었어. 여인들이 물을 길으러 나오는 시간이었지. 여인들이 하나둘 우물가로 나오고 있었어. 엘리에셀은 낙타들을 우물가에 앉히고 하나님께 기도했다.

"오, 나의 주인 아브라함의 하나님이시여! 오늘 제게 좋은 일이 있게 하시어 내 주인 아브라함에게 은혜를 베풀어 주소서. 지금 제가 서 있는 우물로 이 성읍의 처녀들이 물을 길으러 나오고 있습니다. 제가 그 처녀들에게 물을 마시게 해 달라고 부탁했을 때, 제 청을 들어주고 낙타들에게도 물을 마시게 하는 처녀가 있게 해주소서. 그러면 그녀가 이삭을 위해 주께서 정해주신 배필이라는 걸 알겠습니다."

엘리에셀이 기도를 마치기도 전에 물 항아리를 어깨에 멘 리브카가 우물 가까이로 다가왔어. 아주 예쁘고 똑똑해 보이는 처녀였지. 리브카가 물 항아리에 우물물을 가득 채워 올라오자 엘리에셀이 다가가 말을 걸었어.

"아가씨, 미안하지만 내게 그 항아리 속의 물을 좀 마시게 해줄 수 없
겠소?"

하고 말이야. 그랬더니 리브카는 순순히 물 항아리를 내려 엘리에셀에게 물
을 마시게 해주었어. 그뿐이 아니었어. 리브카는 친절하게도,

"당신의 낙타들에게도 물을 길어와 마시게 할 테니 조금만 기다리셔요."

하고 남은 물을 낙타구유에 부어주고 다시 물을 길어와 모든 낙타들에게도
물을 먹게 해주었단다. 엘리에셀은 부지런하고 싹싹한 리브카의 행동을 지켜
보며 하나님께서 모든 일이 잘 풀리게 해주셨다는 것을 즉시 알았어. 엘리에
셀은 금귀고리 한 개와 금팔찌 두 개를 리브카에게 주며 물었다.

"고맙소. 나의 답례를 받아주시오. 아가씨는 뉘 집 딸이오? 혹시 아가씨의
집에 묵을 방이 있소? 우리는 먼 길을 걸어와 하룻밤 쉬어갈 곳이 필요하
다오."

"저는 밀카가 나홀에게서 낳은 브두엘의 딸 리브카랍니다. 저희 집엔 손
님이 묵을 방도 있고 낙타에게 줄 짚과 여물도 충분하오니 저의 집으로 오
시지요."

리브카의 친절에 감격한 엘리에셀은 그 자리에서 머리를 숙여 절하고 하나
님께 감사드렸어.

"오, 나의 주인 아브라함의 하나님을 찬양합니다. 나의 주인에게 자비를
베푸셔서 마침내 저를 주인의 형제 집으로 인도해주셨나이다."

그 사이, 리브카는 얼른 집으로 앞서 달려가서 가족들에게 엘리에셀에게 받
은 금귀고리를 보이며 우물가에서 있었던 일을 이야기해 주었어. 그 이야기
를 듣고 리브카의 오빠 라반이 급히 우물로 달려와 엘리에셀에게 말했지.

"주께 복 받은 분이여! 어찌 여기 서 계십니까? 얼른 저희 집으로 들어오시지요. 리브카의 말을 듣고 손님이 머무르실 방과 짐승이 있을 곳도 준비해두었습니다."

엘리에셀이 라반의 집으로 들어가자 라반은 낙타들의 짐을 부리고 여물을 먹이고 일꾼들에게는 발 씻을 물을 내놓았어. 그 곳 사람들의 신발은 얇은 샌들 같은 것이어서 모래땅을 걷다보면 금방 먼지투성이로 변하고 만단다. 그래서 꼭 발을 씻을 물이 필요했거든. 라반은 손님들이 먹을 음식도 차려 내놓았어. 그러나 엘리에셀은 자신의 할일을 말하기 전엔 이 음식을 먹지 않겠다고 했어. 그러자 라반이 말했지.

"그럼 무슨 일인지 말씀해 보시오."

"나는 아브라함의 종입니다. 하나님께서 나의 주인을 복 주셔서 그 분을 위대하게 하사 많은 재물과 종들과 가축들을 주셨지요. 내 주인의 아내 사라가 늙어서 낳은 아들이 있는데 내 주인은 그 아들에게 모든 것을 물려주셨답니다. 그런데 나의 주인이 나로 맹세하게 하여 카나안인의 딸들 말고 내 주인의 아비 집으로 가서 친족 중에서 며느리를 얻어오라고 하셨기로 이렇게 먼 길을 찾아왔답니다."

엘리에셀은 그동안의 일과 우물에서 리브카를 만났던 일까지 모두 다 털어 놓았어.

"그러니 당신들이 내 주인의 청혼을 받아주시든지, 아니면 아니라고 답하시든지 가부간 결정해 주시기 바랍니다. 그러기 전에는 이 음식을 입에 댈 수 없습니다."

엘리에셀에게 자세한 이야기를 들은 브두엘과 라반이 대답했다.

"그 일은 주께서 하시는 일이니 우리가 좋다 나쁘다 할 일이 아닌 것 같군요. 리브카를 데리고 가서 당신 주인 아들의 아내로 삼게 하시오."

"아아, 내 주인의 하나님이시여! 당신을 송축하나이다."

엘리에셀은 그 말을 듣고 너무 기뻐서 땅에 엎드려 하나님께 경배를 했다. 그리고 금은 패물과 좋은 옷을 꺼내 리브카에게 주고 그 오빠와 어머니에게도 귀한 선물들을 나누어 주었단다. 그날 밤, 손님일행과 식구들은 즐겁게 음식을 나누어먹고 밤을 지냈다. 다음날 아침, 엘리에셀은 돌아갈 채비를 하고 브두엘에게 말했어.

"저희는 이제 주인에게로 돌아가겠습니다. 아가씨도 모시고 가고자 하오니 함께 갈 수 있도록 준비해 주시지요."

"리브카를 열흘 동안만 우리와 함께 머무르다가 가게 하면 안 되겠소?"

"저희를 붙들지 말아주십시오. 주께서 저의 여행을 잘 인도해 주실 것이오니 걱정 마시고 한시바삐 내 주인에게 돌아가게 해주시기 바랍니다."

"그럼 우리가 리브카에게 직접 물어보겠소. 애야, 너 이분을 따라가겠느냐?"

"네, 아버지, 저는 기꺼이 이 분을 따라가겠어요."

리브카는 망설임 없이 엘리에셀을 따라가겠다고 했어. 라반은 할 수 없이 리브카에게 유모와 몸종들을 딸려 보내며 축복해 주었다.

"우리의 누이, 리브카야, 너는 만백성의 어미가 될지어다. 네 씨로 그들을 미워하는 자들의 성문을 차지하게 할지어다!"

가족들의 축복기도를 받은 리브카가 몸종들과 낙타에 올라타자 엘리에셀은 리브카를 데리고 길을 떠나 여러 날을 걸어 주인집에 돌아왔어. 그때 마침 이삭이 라헤로이 우물길에 나와 있었어. 이삭이 들길을 걸으며 생각에 잠겨 있는데 한 무리의 낙타 떼가 가까이 왔어. 리브카는 낙타에서 내리며 물었어.

"엘리에셀! 저 사람이 누구인가요?"

"네, 아가씨, 저 분은 나의 주인 이삭입니다. 아가씨의 남편이 되실 분이지요."

리브카는 이삭을 보고 부끄러워 얼른 너울로 얼굴을 가렸어. 엘리에셀은 이

삭에게 그동안 있었던 일을 이야기해주며 리브카를 소개했지. 이삭은 리브카를 어머니의 장막으로 안내하였어. 어머니가 죽고 난 뒤 3년 동안 혼자 쓸쓸히 지내던 이삭은 리브카를 아내로 얻어 큰 위로를 받았고, 둘은 서로 사랑하면서 행복한 결혼생활을 시작했단다.

아브라함은 사라가 죽고 나서 혼자 지내기 힘들어 다시 '크투라'라는 여인을 아내로 얻었어. 크투라도 많은 아들들을 낳았지. 아브라함은 그 아들들에게도 넉넉히 재산을 나누어주었어. 물론 하갈이 낳은 아들인 이스마엘에게도 재산을 나누어주어 동쪽 지역인 아라비아 사막을 건너가서 살도록 하였지.

그 후, 아브라함은 충분히 행복을 누린 후에 이삭에게 모든 것을 물려주고 175세의 나이로 죽었다. 그리하여 이삭과 이스마엘은 사라를 장사지낸 막펠라 굴에 아브라함을 장사지냈단다.

하나님께서 약속한 대로 이스마엘은 열두 통치자를 낳아 온 땅에 그의 자손들이 가득 퍼졌으며 이스마엘도 137세까지 살다가 죽었지.

아브라함이 죽자 하나님은 그의 아들 이삭을 축복하시고 아브라함처럼 사랑하셨다.

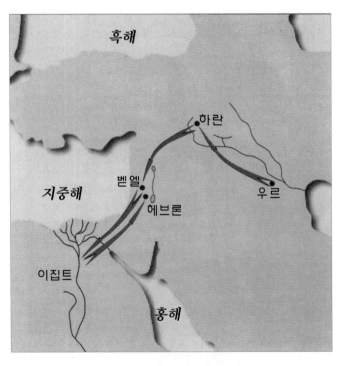

〈아브라함의 여정〉

창세기 25-26장
야곱과 에서

20년이 세월이 흘렀어. 이삭의 아내 리브카는 그 때까지 아기를 낳지 못하고 있었지. 이삭은 아내를 위해 오랫동안 하나님께 아기를 달라고 기도를 드렸어. 하나님께서는 이삭의 간절한 기도를 들으시고 리브카에게 아이를 주셨단다. 그런데 말이야. 이상하게도 뱃속에서 아이가 싸우는 것 같아서 어떡하면 좋겠냐고 리브카는 하나님께 여쭈었어. 하나님은 리브카에게 뜻밖의 말씀을 하셨어.

"리브카야, 네 태중에는 두 민족이 있구나. 두 백성이 네 태에서 나눠질 것이다. 한 백성은 다른 백성보다 강하고, 형이 아우를 섬길 것이니라."

하고 말이야. 그 말씀은 이삭이 육십 세가 되었을 때 이루어졌어. 리브카가 아이를 낳으니 정말 쌍둥이가 나왔단다. 한 아이는 붉은 얼굴에 전신에 털이 많이 덮여 있어서 '에서(털 많은 자)'라고 불렀고, 그의 동생은 형의 발꿈치를 잡고 나와서 '야곱(발꿈치를 붙드는 자)'이라고 이름 지었단다. 둘은 무럭무럭 자라나 에서는 산과 들을 뛰어다니며 사냥하기를 좋아하는 사냥꾼이 되었고, 야곱은 장막에서 엄마 곁에 노는 걸 좋아했지.

이삭은 에서를 좋아했단다. 에서가 사냥한 고기요리를 즐겨먹었거든. 그렇지만 리브카는 야곱을 좋아했지. 야곱은 엄마를 거들어주고 늘 엄마 곁에서 심부름이나 요리하는 것을 도와주었으니 야곱이 더 사랑스러웠을 거야.

하루는 야곱이 팥죽을 끓이고 있으니 사냥에서 돌아와
배고픈 에서가 말했어.

"얘, 야곱아! 너 지금 끓이고 있는 그게 뭐냐?
그 붉은 것을 좀 먹게 해주라. 내가 지금
배가 고파 곧 쓰러질 지경이야."

"그냥은 줄 수 없어. 형의 장자권을 내게 팔아. 그러면 얼마든지 먹게 해줄 게."

"그래, 죽을 지경인데 까짓 장자권이 대수냐. 장자권은 너나 가지고 죽이나 줘."

"좋아, 그럼 맹세해. 이건 정말 하나님 앞에 맹세하는 거야. 알았어?"

"알았으니, 너 가지라고. '나 에서는 야곱에게 장자권을 넘기노라.' 하하, 됐냐?"

에서는 그 일을 농담처럼 여기고 아무 생각 없이 장자권을 야곱에게 팔아버렸어. 소중한 장자권을 겨우 죽 한 그릇과 바꾸어 버렸던 거지. 그리고 야곱이 차려주는 빵과 팥죽을 배불리 먹고 또 사냥터로 나갔어.

세월이 지난 후, 이삭이 살고 있는 땅에 두 번째로 큰 기근이 들었어. 아브라함 때처럼 심한 기근이 들어 사람들은 그 곳에서 더 이상 살 수가 없었단다. 곡식도 바닥이 나고 가축들이 먹을 풀도 자라지 않아 굶어죽지 않으려면 이사를 가야했지. 이삭은 그랄에 있는 필리스티아 왕 아비멜렉의 땅으로 옮겨 갔단다. 그러자 하나님께서 이삭에게 나타나시어 말씀하시기를,

"이삭아. 너는 이집트로 내려가지 말고 내가 네게 일러주는 땅에서 지내라. 그러면 내가 너와 함께하고, 복을 주어 너와 네 씨들에게 이 지역들을 모두 주고 또 네 아비아브라함에게 맹세한 것을 다 이루어주겠다. 네 씨를 하늘의 별들처럼 많게 하고, 네 씨 안에서 모든 민족이 복을 받을 것이다. 이 모든 것은 네 아비 아브라함이 내 말에 복종하고 내 명령과 법을 지켰기 때문이니라."

"네, 하나님의 명령대로 하겠습니다."

이삭은 하나님이 명령하신 대로 당분간 그랄 땅에서 지내기로 했어. 그렇지

만 이삭 역시 아브라함과 똑같은 잘못을 저지르고 말았어. 그 곳 사람들에게 자기 아내를 누이라고 속인 거란다. 리브카가 너무 아름다운 탓에 남편이라고 하면 죽임을 당할까봐 그랬던 거지. 그런데 그 곳 왕 아비멜렉이 창문 밖을 내다보다가 이삭이 그의 아내를 끌어안는 것을 보고 이삭을 불러 야단을 쳤단다.

"이삭! 그녀가 분명히 너의 아내인데 왜 누이라고 했느냐? 내 백성중 하나가 아내를 삼았더라면 어쩔 뻔 했느냐? 우리에게 큰 죄를 가져올 뻔 했지 않았느냐."

아비멜렉은 모든 백성에게 이삭 부부를 접촉하는 자는 죽인다는 명령을 내렸어.

이삭은 그 땅에서 농사를 지어 일백 배나 되는 많은 수확을 얻었어. 그리고 하는 일마다 잘되어 큰 부자가 되었지. 그러자 그 땅 사람들이 샘이 나서 아브라함 때 팠던 이삭 소유의 우물을 흙으로 메워버렸어. 그 당시에는 우물이 없으면 가축을 먹일 수가 없기 때문에 우물은 아주 소중한 재산이었단다. 이삭의 우물이 탐이 난 왕 아비멜렉도 이삭에게 와서 험상궂은 얼굴로 말했어.

"이삭! 네가 우리보다 더 강하게 되니 안 되겠다. 여기서 떠나줘야 하겠다."

이삭은 할 수 없이 산골짜기로 옮겨가 장막을 치고 살았지. 이삭은 옛날 자기 아버지 아브라함이 팠던 우물을 다시 파고 그 우물의 이름도 아버지가 불렀던 대로 불렀어. 그렇지만 그랄의 목자들이 와서 그것도 자기들의 샘이라고 우겨서 다른 곳으로 옮겨 새로 샘을 팠단다. 필리스티아인들은 이삭이 잘되는 것을 막으려고 온갖 방해를 다했지만 그 때마다 이삭은 싸우지 않고 다른 곳으로 가서 우물을 팠어. 하나님은 이삭을 축복하셔서 가는 곳마다 새 우물을 주시고, 풍성한 소출을 거두게 하셨다. 이삭이 하나님의 명령을 잘 따랐기 때문이었지.

어느덧 에서가 혼인할 나이에 이르자 에서는 제 맘대로 헷인 브리에의 딸 유딧과 엘론의 딸 바스맛을 아내로 맞았다. 그 일은 이삭과 리브카에게 큰 골칫거리였단다.

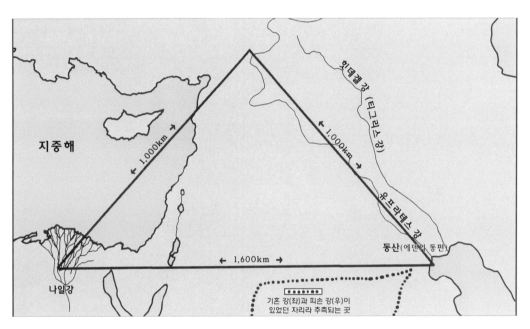

〈아브라함에게 약속되었던 원래의 땅(창15장)〉

창세기 27장
장자축복을 가로챈 야곱

나이가 백 살이 훨씬 넘은 이삭은 형 이스마엘을 장사지낸 뒤라 마음이 급했어.

"이젠 나도 죽을 때가 가까웠나보다. 눈도 흐리고 기운도 예전 같지 않으니…."

이삭은 장자권을 물려줄 때가 되었다는 생각에 맏아들 에서를 불러 말했어.

"내 아들아, 이제 나는 늙어서 언제 죽을지 모르겠구나. 그러니 사냥을 해와서 아비가 좋아하는 별미를 만들어오너라. 그걸 먹고 죽기 전에 장자 축복을 해주마."

"네, 아버지! 잠시만 기다리시면 곧 가서 사냥을 해 오겠습니다."

에서가 활을 들고 사냥하기 위해 밖으로 나가고 난 뒤, 장막 뒤에서 두 사람의 말을 엿듣고 있던 리브가가 급히 야곱을 불렀어.

"얘, 야곱아. 아버지가 네 형에게 장자축복을 하시려고 한다. 그러니 너는 어서 가서 새끼염소 두 마리를 잡아오너라. 그것으로 네 아버지가 좋아하는 별미를 만들어 줄 테니 갖다드리고 네가 축복을 받아야 한다. 하나님께서 형이 아우를 섬긴다고 하셨으니 네가 축복을 받아야 한단 말이야. 그런데 네 아버지가 에서에게 축복기도를 하시면 하나님의 말씀이 틀려지는게 아니냐? 하나님 말씀대로 해야지…."

"어머니, 형은 털이 많은데 전 매끈한 사람이 아닙니까? 혹시 아버지가 저를 만져보시면 어떻게 해요? 만일 아버지가 절 거짓말쟁이로 여기신다면 복은커녕 저주를 받는 게 아닐까요?"

"저주를 받아야 한다면 내가 받을 테니 걱정 말고 얼른 가서 염소나 잡아오너라."

야곱이 염소를 잡아오자 리브가는 이삭이 좋아하는 별미를 만들었어. 그리고 에서의 옷을 가져다가 입히고 염소 가죽을 손과 목에 붙이고 별미와 빵을 들려 이삭의 장막으로 들여보냈어. 야곱은 조마조마한 마음으로 아버지에게로 갔어.

"아버지! 저 왔어요."

"오냐, 아비 여기 있다. 네가 누구냐?"

"예, 아버지의 장자 에서입니다. 아버지께서 분부하신 대로 사냥을 해 왔습니다. 일어나 제가 요리한 고기를 잡수시고 저를 축복해 주세요."

"얘야, 사냥이 어찌 이리 빨리 끝났느냐?"

"예, 아버지. 아버지의 하나님께서 사냥감을 속히 잡도록 보내주셨지요."

"그래? 그럼 이리 가까이 오너라. 네가 과연 에서인지 아닌지 좀 만져보자
꾸나."

야곱이 가까이 가자 눈이 어두워 잘 보지 못하는 이삭이 그를 만지며 말
했어.

"그 참 이상하다. 목소리는 야곱인데, 손은 에서의 손이로구나."

이삭은 눈이 어두워 잘 분별하지 못했지만 아무래도 이상해서 또다시 물
었다.

"얘야, 네가 정말 에서란 말이냐?"

"네, 정말 에서입니다."

"그럼 그 요리를 이리 가져오라. 내 아들이 사냥한 고기를 먹고 축복해
주마."

이삭은 야곱이 가져온 음식들을 먹고 마시고 난 뒤 야곱을 축복하기 시작
했다.

"얘야, 이리 오너라. 내게 가까이 와서 입맞춤 해다오."

야곱은 가슴이 뜨끔했지만 복 받을 욕심에 얼른 이삭에게 입맞춤했어. 이삭
은 어딘가 좀 이상했지만 옷 냄새를 맡아보니 에서의 냄새 같아서 축복하기
시작했어.

"내 아들의 향기는 하나님께서 복 주신 들판의 향기로구나.
하나님께서 하늘의 이슬과 땅의 기름짐과 풍성한 곡식과
넘치는 포도주를 네게 주시며, 뭇 백성이 너를 섬기고
수많은 민족들이 네게 절하며, 너를 저주하는 자는 저주를 받고
너를 축복하는 모든 자를 축복하리라."

이삭이 축복하기를 마치고 야곱이 아버지 앞에서 물러가자 곧 에서가 돌아
왔어. 에서는 얼른 별미를 만들어 아버지에게로 가져갔어.

"아버지. 일어나셔서 아들이 잡아온 고기를 드시고 저를 축복해주세요."

에서의 목소리를 들은 이삭은 깜짝 놀라 덜덜 떨며 말을 더듬었지.

"엉? 네, 네가 누구냐?"

"맏아들 에서입니다."

"뭐라고? 그럼 방금 전에 사냥한 고기를 가져왔던 그자는 누구냐? 네가 오
기 전에 그가 가져온 고기를 먹고 이미 축복했느니라. 그러니 그가 축복을
받을 것이다."

에서는 아버지의 말을 듣고 큰소리로 엉엉 울며 소리쳤어.

"오! 아버지 안 됩니다. 내게도, 내게도 축복해 주세요. 제가 장자가 아닙니까?"

"에구~ 약삭빠른 네 아우가 네 복을 가로채 갔구나. 이 일을 어쩌면 좋으냐?"

"그러니까 야곱이 아닙니까? 이름값 하느라고 내 발꿈치를 붙잡는 거예요. 그는 두 번이나 나를 속였어요. 예전에는 팥죽 한 그릇으로 내 장자권을 뺏더니, 이번엔 내가 받을 축복을 가로챘어요. 아버지, 정말 제게 남겨둔 복은 없단 말씀이에요?"

"얘야, 내가 야곱을 너의 우두머리로 세웠고, 너의 모든 후손들을 그에게 종으로 주었으며, 곡식과 풍성한 포도수확도 그를 위해 빌었다. 그러니 내가 네게 무엇을 줄 수 있겠느냐?"

"엉엉, 아버지! 내게도 축복해주세요! 축복해달란 말이에요."

에서는 자기도 축복해달라고 몸부림치며 울었어.

"그럼 이리 오너라. 널 위해서도 기도해주마."

"너의 처소는 땅의 기름진 곳과 이슬이 내리는 곳이 되리라. 그러나 너는 칼로 살 것이요. 네 아우를 섬길 것이니라. 네가 다스릴 땐 네가 네 목에서 하나님의 멍에를 끊어버릴 것이다."

받으나마나한 나머지 축복을 받은 에서는 너무 분해서 이를 갈며 다짐했단다.

"야곱 너 이 녀석! 어디 두고 보아라. 아버지가 돌아가실 때가 가까웠으니 아버지가 죽고 나면 꼭 네 녀석을 죽여 이 분풀이를 하고 말겠다."

야곱을 죽이겠다는 에서의 말을 엿듣고 걱정이 된 리브카는 야곱에게 말했어.

"애야, 야곱아, 큰일 났다. 네 형이 널 죽이려 하는구나. 그러니 너는 어서 하란에 있는 외삼촌에게로 가서 몸을 피해 있거라. 그 곳에서 기다리고 있으면 형의 화가 풀릴 때 사람을 보내어 너를 불러오마. 내가 어찌 너희 둘을 동시에 잃겠느냐."

"어머니. 그럼 전 어머니와 가족에게서 떨어져 살아야 한단 말이에요?"

"그럼 어쩌겠니? 에서의 불같은 성격으로 보아선 널 죽이고도 남을 것 같은데…. 야곱아, 아무 걱정 말고 하란으로 떠나거라. 외삼촌이 널 잘 돌봐주실 거야. 이참에 외삼촌의 딸들 중에서 네 색시도 고르고…."

리브카는 무서워 망설이는 야곱을 다독여 하란으로 떠날 준비를 하고 이삭을 설득시켰어.

"여보, 에서가 데려온 헷의 딸들 때문에 내가 하루도 맘 편한 날이 없어요. 야곱마저 이방 땅의 여자를 아내로 맞아들인다면 난 속상해 지레죽고 말거예요. 그러니 야곱을 하란의 오빠에게 보내어 그 곳에서 아내를 얻도록 하는 게 어때요?"

"그 좋은 생각이오. 나도 그렇게 해야겠다고 마음먹고 있던 참이오."

이삭도 리브카의 계획에 찬성하고 즉시 그렇게 하도록 허락했다.

"그럼 당장 야곱을 하란으로 보내도록 준비하겠어요."

"그렇게 하구려. 에그, 아직 철없는 애를 그렇게 멀리 보내야 하다니…."

이삭과 리브카는 가슴이 에이는 것 같았지만 두 아이를 구하는 길은 그 길밖에 없었다.

창세기 28장
하늘에서 내려온 사다리

　　이삭은 당장 야곱을 불러 하란으로 떠나도록 허락하고 축복기도까지 해 주었어.

　　"내 아들아, 넌 이곳 카나안의 딸들을 아내로 얻지 말고 파단아람으로 가서 너의 외조부 브두엘의 집 외삼촌의 딸들 중에서 아내를 데려오너라. 전능하신 하나님께서 너를 복주시고 많은 자식을 두게 하시며, 무슨 일이든지 잘 되게 하실 것이다. 또 네게 아브라함의 복을 주시되 너와 함께한 네 씨에게 주셔서 하나님께서 아브라함에게 주셨던 땅, 곧 네가 타국인으로 있는 땅을 상속받게 하시기를 원하노라."

야곱이 하란으로 떠나고 난 뒤, 에서는 아버지가 야곱이 카나안의 땅의 여자를 아내로 얻지 못하게 하려고 외삼촌 집으로 보낸 줄로 생각했어. 뿐만 아니라 부모님이 자기 아내들을 싫어한다는 것도 알았지. 그래서 자신이 축복을 받지 못한다고 생각하여 아내가 둘이나 있는데도 이스마엘의 딸인 마할랏을 또 아내로 얻었단다. 그때는 오래도록 자식을 낳았기 때문에 삼촌의 딸과도 결혼을 할 수 있었지. 그렇지만 에서가 하는 짓은 하나님이 싫어하는 짓이었어. 그런데도 에서는 깊이 생각해보지도 않고 성급히 행동하여 여러 사람들의 눈살을 찌푸리게 했단다.

한편, 야곱은 브엘세바를 떠나 하란을 향해 부지런히 길을 재촉했어. 형의 낯을 피해 가는 길이라 혹시라도 형이 뒤따라와 자신을 사냥하듯 할까봐 마음이 조마조마 했지. 무서운 마음에 한시 바삐 하란에 도착하고 싶어 부지런히 걸었지만 얼마 가지 않아서 날이 저물었어. 야곱은 할 수 없이 들판에서 하룻밤을 지내야만 했어. 야곱은 반듯한 돌 하나를 주워 베개를 삼고 누워 잠을 청했지. 그런데 꿈에서 사다리 하나가 땅에 서 있었는데 그 꼭대기가 하늘에 닿아 있지 않겠니? 그것은 죄인이 하늘나라에 오르기 위해서는 성자 하나님이 사다리가 되어 죄인을 하나님께 인도해 주셔야만 구원을 얻을 수 있다는 것을 뜻한단다. 하늘에서 천사가 사다리를 타고 오르락내리락하는 가운데 그 위에 하나님이 서서 야곱을 불러 말씀하셨어.

"야곱아! 나는 네 할아비 아브라함의 하나님이요, 네 아비 이삭의 하나님이다. 네가 누운 땅을 너와 네 씨에게 주리라. 네 씨는 땅의 티끌 같을 것이요. 동서남북으로 멀리 퍼질 것이며, 모든 민족이 네 씨 안에서 복을 받을 것이다. 보라, 내가 너와 함께 있어 네가 어디를 가더라도 너를 지켜줄 것이며, 너를 이 땅으로 다시 데려오고, 내가 네게 말한 것이 이룰 때까지 내

가 늘 너와 함께 있을 것이다."

야곱은 꿈속에서 하나님이 하신 말씀을 듣고 두려워서 잠에서 깨어났다.

"아아! 이곳은 주님이 계시는 하나님의 전이고 하늘의 문이구나! 그러니 이곳은 얼마나 두렵고 떨리는 곳인가?"

야곱은 후다닥 일어나 자기가 베고 잤던 돌을 기둥으로 세웠다. 그리고 그 위에다 기름을 붓고 그곳을 '하나님의 집' 이란 뜻으로 '벧엘' 이라는 이름을 지어 불렀어. 야곱은 무릎을 꿇고 하나님께 간절히 기도했단다.

"하나님이시여! 만일 하나님께서 살아계신다면 나와 함께 계시고 내가 가는 길을 지켜주옵소서. 내게 먹을 양식과 입을 옷을 주시고, 아버지 집으로 평안히 다시 돌아오게 해 주시면 주께서 나의 하나님이라는 사실을 알겠습니다. 내가 기둥으로 세운 이 돌이 하나님의 전이 될 것이며 주께서 주시는 모든 것에서 반드시 십분의 일을 주께 드리겠습니다."

야곱은 하나님께서 자신을 보호해주시는 데 대한 감사의 표시로 십일조를 드릴 것을 약속했어. 십일조란, 하나님의 보호 아래 살아가는 사람이 고마움의 표시로 하나님이 주신 열 개중 하나를 하나님께 돌려드리는 표시로 드리는 거란다. 그 때부터 야곱은 하나님이 자신의 모든 것을 지켜보신다는 걸 알고 자신을 하나님께 맡기고 의지하기로 한 거지. 그 표시로 십일조를 드리겠다고 맹세한 거란다. 하나님도 야곱의 기도를 들으시고 그때부터 눈길을 야곱에게 고정시키고 야곱이 어디를 가도 안전하게 지켜주시고 보호해주셨다.

야곱은 동쪽을 향하여 여행을 계속했어. 야곱은 걷고 또 걸어서 마침내 메소포타미아지방에 도착했다. 야곱이 살펴보니 들 가운데 우물 하나가 있고 그 곁에 양떼들이 무리를 지어 누워 있었어. 양치는 목자들이 모든 양떼들이 모이기를 기다리는 중이었던 거야. 양떼들이 다 모이면 우물 입구를 덮은 돌을 들어내고 물을 먹이고 나서 우물입구를 막아야 하기 때문이었지. 야곱은 그들에게 다가가 물었어.

"형제 여러분들은 어디서 오셨습니까?"

"우리는 하란에서 왔단다."

"그렇다면 혹시 나홀의 아들 라반을 아십니까?"

"알다마다."

야곱이 목자들과 이야기를 하고 있는 사이에 한 소녀가 양들을 몰고 가까이 왔어.

"아, 마침 저기 오는구먼. 저 아가씨가 바로 라반의 딸 라헬이란다."

야곱은 얼른 소녀에게로 다가가 우물 뚜껑을 굴려내고 라헬이 몰고 온 양떼를 먹여주고 나서 자기의 정체를 밝혔다. 그리고 라헬에게 입을 맞추고 소리 높여 울었어. 라헬은 그 길로 집으로 달려가 야곱이 왔음을 알렸지. 누이 리브카의 아들이 왔다는 말을 듣고 외삼촌 라반이 달려왔어. 라반은 야곱을 끌어안고 입 맞추며 집으로 데려왔지. 야곱이 어머니 리브카의 소식이며, 자신이 온 목적을 전하자 라반은 반가워서 어쩔 줄을 몰랐어.

"잘 왔다. 참으로 너는 나의 뼈와 살이 섞인 혈육이로구나. 이젠 아무 걱정 말고 우리 집에서 함께 지내자꾸나. 여기가 네 집이라고 생각하고 편히 지 내렴."

그리하여 야곱은 외삼촌 라반의 집에서 걱정 없이 지내게 되었어. 외삼촌에게는 두 딸이 있었어. 큰 딸 레아는 눈동자가 예뻤지만 작은 딸 라헬은 몸매도 아름답고 얼굴도 레아보다 훨씬 예뻤어. 야곱은 은근히 라헬을 좋아하여 라헬을 따라 다니며 양치는 것을 거들었지. 라반은 그런 야곱을 눈여겨보며 속으로 다짐했어.

'야곱이 양치는 솜씨가 보통이 아니구나. 야곱을 오래오래 붙들어 두어야겠다.'

한 달이 지나자, 라반은 야곱이 예사아이가 아닌 걸 알고 야곱을 불러 말했어.

"야곱아, 네가 아무리 나의 혈육이라고 해도 내가 어찌 널 거저 일을 시키겠느냐? 이제부터는 품삯을 정해 주겠다. 무엇을 삯으로 주면 좋겠니? 원하는 걸 말해라."

"외삼촌의 작은 딸 라헬을 위해 칠 년간을 봉사할 테니 라헬을 아내로 주십시오."

"좋아, 나야 그 애를 다른 사람에게 주는 것보다 네게 주는 게 더 낫지."

"감사합니다. 그럼 칠 년 동안 열심히 일하겠습니다."

야곱은 이른 아침부터 늦은 저녁까지 뙤약볕 아래서 더위와 싸우며 열심히 일했다. 그래도 라헬과 함께 있고 라헬을 사랑했기에 칠 년이 칠 일 같았어. 라헬과 함께 있으면 시간이 바람같이 지나가 칠 년이 순식간에 지나갔던 거야.

약속한 기한이 되자 야곱은 라반에게 말했단다.

"외삼촌, 이제 약속한 기한이 찼으니 라헬을 제 아내로 주십시오."

"벌써 그렇게 됐나? 그럼 혼인잔치를 해야겠구나.",

라반은 사람들을 모아 성대한 혼인잔치를 열었다. 밤이 깊어지자 라반은 큰딸 레아에게 너울을 씌워 신부로 꾸며 신랑 방에 들여보냈어. 신부는 밤새 아무 말도 하지 않고 입을 꼭 다물고 있었지. 야곱은 라헬이 부끄러워서 그러나 보다 하고. 신방을 치르고 아침에 일어나 보니 신부가 바뀌어 있었어. 야곱은 외삼촌에게 따졌지.

"외삼촌 왜 이런 짓을 하셨습니까? 저는 라헬을 위해 칠 년을 외삼촌께 봉사했습니다. 그런데 왜 저를 속이고 레아를 신부로 보내주셨습니까?"

"어이, 사위! 진정하게. 우리 지방에는 큰 딸보다 작은 딸을 먼저 시집보내지 않는 풍습이라 그리하였다네. 그럼 이렇게 하지. 자네가 레아와 칠 일을 채우면 라헬도 자네 아내로 주겠네. 하지만 칠 년간을 더 일해야 할 걸세. 그렇게 하겠나?"

야곱은 할 수 없이 이레 동안을 레아와 보내고 라헬을 아내로 얻었다. 라헬을 너무 사랑했기 때문이었지. 그리하여 칠 년간을 더 외삼촌의 양치기로 지냈단다.

〈야곱의 여정〉

창세기 30장
야곱의 가족들

야곱은 레아보다 라헬을 눈에 띄게 더 사랑했어. 그걸 보신 하나님께서는 레아가 사랑받지 못하는 것이 불쌍하여 레아의 태를 열어 아기를 낳게 해주셨단다.

"하나님께서는 나의 괴로움을 아시고 내게 아들을 주셨구나!"

레아는 첫아들의 이름을 '르우벤' 이라고 불렀다. 레아는 두 번째도 아들을 낳아 하나님께서 자신의 처지를 다 보고 계신다는 걸 알고, '주께서 나의 고민을 살펴보셨으니 이젠 나의 남편이 나를 사랑할 것이다.' 하는 뜻으로 아기이름을 시므온(듣는다)' 이라했다.

"내가 그에게 세 아들을 낳아주었으니 내 남편이 이젠 나와 함께 지내겠지."

하면서 레아는 셋째 아들을 낳아 '레위'라 이름지어 불렀어. 그리고 다시 임신하여 넷째 아들 '유다(찬양)'를 연달아 낳고 아기 낳는 일을 그쳤다.

"내게 아들을 넷이나 주시다니, 오, 하나님! 위대하신 주를 찬양합니다."

레아는 정말 기뻤어. 너무 고맙고 기뻐서 덩실덩실 춤을 추며 하나님을 찬양했지. 그렇지만 아기를 낳지 못하는 라헬은 그 꼴을 보고 샘이 나 속이 뒤집어질 지경이었어. 언니 레아가 귀여운 아이들에게 둘러싸여 행복하게 웃는 모습을 보고 질투가 난 라헬은 야곱을 못살게 굴었단다.

"내게도 언니처럼 아기를 낳게 해주세요. 그렇지 않으면 콱 죽어버릴 테에요."

야곱은 아내들의 등쌀에 죽을 지경이었어. 그래서 라헬을 꾸짖었단다.

"라헬! 내가 하나님의 대리자요? 내가 당신에게 아기를 못 낳게 하게."

"그럼 내 여종 빌하를 첩으로 들이세요. 그러면 그 애가 내 무릎에도 아기를 안겨줄 거예요. 그래야 나도 아기를 안아볼 수 있을 거라고요."

라헬은 날마다 야곱을 들볶았어. 야곱은 라헬의 성화에 못 이겨 여종 빌하를 첩으로 삼지 않으면 안 됐지. 그리하여 빌하가 잉태하여 아들을 낳자 라헬은 기뻐서,

"오! 하나님께서 나를 판단하시고 내 목소리도 들으시고 내게 아들을 주셨어!"

하고 아이의 이름을 '단(심판)'이라고 불렀어. 빌하는 또다시 아들을 낳았지.

"와! 언니와 싸워 내가 승리했다! 하나님은 내 편이야."

라헬은 의기양양하여 큰소리치며 아기이름을 '납탈리(나의 씨름)'라 지었

지. 이번에는 레아가 그 꼴을 보고 샘이 났단다. 그러나 자신은 이미 아기 낳는 것이 그쳤으므로 여종 실파를 야곱에게로 들여보내어 아기를 낳게 하도록 성화를 댔단다. 실파도 아들을 낳았고. 레아는 그 아기이름을 '갓(군대)' 이라고 지었지. 실파가 둘째 아들도 낳자. 레아는 보란 듯이 큰소리 쳤어.

"나는 행복한 여인이야! 이 땅의 모든 딸들이 나를 복 받은 여인이라 부를 걸."

하고 그 아기 이름을 '아셀(행복)' 이라고 불렀다. 이처럼 야곱의 아내들은 야곱을 가운데 두고 날마다 시기하고 질투로 인한 싸움으로 하루도 빤한 날이 없었단다.

하루는 밀을 추수하러 들판에 나갔던 르우벤이 합환채를 발견하여 어미 레아에게 가져오자 라헬이 그것을 보고 레아에게 부탁했어.

"언니, 그 합환채를 내게 줘."

"뭐? 네가 내 남편을 뺏고도 모자라 이 합환채까지 뺏으려 하는 거야?"

합환채는 사과 비슷한 크기의 열매가 열리는 식물인데 그 지방에서는 아기를 못 낳는 여인들이 불임치료제로 쓴다는구나. 잎은 녹색이며 뿌리가 당근과 비슷하게 생겼대. 아기를 낳지 못하는 라헬은 그걸 갖고 싶어서 언니 레아와 흥정을 했다.

"언니, 그걸 내게 주면 오늘 밤 내 남편을 언니 방으로 보내주겠어요."

"흥! 그거 나쁘지 않은 흥정이군. 난 아들을 넷이나 낳았으니 아쉬울 것 없지만 이건 애도 못 낳는 네게 필요할 테니. 가지렴."

레아는 못 이기는 척 라헬에게 합환채를 넘겨주고 날이 저물기를 기다렸어. 양을 먹이러 갔던 야곱이 들에서 돌아오자, 레아는 얼른 달려 나가서 야곱을 맞이했지.

"야곱, 내가 합환채로 당신을 샀으니 오늘밤은 나와 함께 지내야 해요."
야곱이 그날 밤 레아의 방에서 지내므로 레아가 다시 아기를 가졌어. 몇 년 동안 아기를 갖지 못하던 레아는 뛸 듯이 기뻐했지. 레아는 다섯 번째 아기를

잉태하고 그 아기의 이름을 '잇사칼(보상)'이라고 불렀어. 여종을 남편에게
준 값이라 여겼던 거란다. 그 뒤로도 레아는 '스불룬(거주함)'을 낳고 의기양
양해서 말했어.

"내가 남편에게 아들 여섯을
낳아주었으니 이젠 남편이
내 곁에 있을 것이다."

레아는 그 뒤로도 딸을 하나 더 낳아 '디나' 라고 불렀다.

그렇지만 합환채도 소용없이 아기를 낳지 못하는 라헬은 수치심으로 죽고 싶었단다. '아기도 못 낳는 여자' 라고 손가락질 당하는 것이 서러워 날마다 하나님께 부르짖었지. 라헬의 부르짖음은 하나님의 귀에까지 들렸어. 하나님은 라헬을 불쌍하게 여겨 라헬의 태를 열어 주셨다. 아기를 가지게 된 라헬은 뛸 듯이 기뻐했어.

"오! 하나님께서 나의 수치를 없애주셨다."

마침내 라헬도 아들을 낳은 것이었어. 라헬은 하늘을 다 얻은 것 같았지. 그동안 아기를 낳지 못해 당한 수모를 생각하면 얼마든지 아이를 낳고 싶었어. 그래서 주께서 또 다른 아들을 더 주실 거라고 생각하여 아들의 이름을 '요셉((수치를)제거하다, 더해주실 것이다.)' 이라고 지었단다. 요셉을 낳은 후, 야곱은 외삼촌에게 가서 말했다.

"외삼촌, 제가 그동안 아내들과 자식들을 위해 외삼촌의 일을 열심히 거들어드린 건 외삼촌이 잘 아십니다. 이젠 고향에 돌아가야 하겠으니 절 보내주십시오."

"야곱아, 제발 떠나지 말고 나와 함께 있어다오. 너 때문에 하나님이 나에게 복 주신다는 것을 내가 알았으니 이젠 품삯도 주겠다."

"내가 그동안 어떻게 외삼촌의 양떼를 먹였는지는 외삼촌이 잘 아시잖습니까? 내가 오기 전에는 외삼촌의 가축이 얼마 되지 않았는데, 지금은 엄청나게 많아졌지요. 내가 온 후 주께서 복을 주신 것입니다. 그렇지만 삼촌의 양만 치다가 언제 내 집을 마련하여 처자식을 먹여 살리겠습니까?"

"그럼 네가 달라는 대로 삯을 주겠다. 뭘 주면 좋겠나?"

"외삼촌은 아무 것도 주지 않아도 됩니다. 한 가지 약속만 해 주십시오. 그러면 다시 양을 치겠습니다. 양떼들 중에 갈색이나 점과 얼룩무늬가 있는 양을 제 품삯으로 주십시오. 그렇지 않은 것들이 제게서 발각되면 도둑질한 줄 아십시오."

"좋아, 모두 네 말대로 하겠다."

라반과의 약속대로 야곱은 양떼들 가운데 무늬나 점이 있거나 갈색인 양들을 골라 아들들에게 먹이게 했어. 그리고 라반의 양은 자신이 직접 먹였지. 야곱은 양들이 새끼를 배는 시기에 포플러나무 가지와 개암나무, 밤나무 가지를 꺾어 양들이 물을 마시는 물구유 앞에 세워 놓아 양들이 모두 얼룩무늬와 점 있는 새끼들을 낳게 하였어. 뿐만 아니라 크고 튼튼한 양들이 물을 먹을 때만 나뭇가지를 꽂아놓아 시간이 갈수록 라반의 양떼는 점점 약해지고 야곱의 양떼는 튼튼한 새끼들만 낳았지. 그러니 날이 갈수록 야곱의 재산은 눈덩이처럼 불어났단다.

창세기 31장
라반의 추격

야곱의 양떼들이 눈에 띄게 불어나자 라반의 아들들이 수군거리기 시작
했어.

"참 이상하다. 왜 모든 양들이 야곱의 품삯이 되는 것들만 태어나지? 저대
로 가다간 야곱이 우리 아버지의 양들을 모두 다 뺏어가게 생겼는걸. 아무
래도 수상해."

"그러게 말이야. 무슨 꿍꿍이가 있는 게 틀림없어."

아들들이 하는 말을 들은 라반도 의심의 눈초리로 야곱의 거동을 살폈지.
그들이 야곱을 대하는 태도가 예전 같지 않은 것을 보신 하나님이 야곱에게 명령하셨어.

"야곱아, 이제 너는 네 조상들의 땅, 네 친족들이 있는 곳으로 돌아가거라. 내가 너와 함께 해주리라."

"네, 하나님! 곧 떠나겠습니다."

하나님의 명령을 받은 야곱은 레아와 라헬을 한적한 들판으로 불러내어 말했어.

"이제 나는 내 고향으로 돌아가야겠소. 장인이 나를 대하는 태도가 예전 같지 않으니 더 이상 여기 있기가 두렵구려. 그대들도 알다시피 내가 온갖 정성을 다해 장인을 섬겼지만 장인은 나를 속이려고만 했소. 품삯을 열 번이나 바꿨지만 하나님은 늘 나와 함께 계셔서 날 지켜주셨소. 뿐만 아니라 장인의 가축들을 빼앗아 내게 주셨던 거요. 하지만 여길 떠나라 명하시니 온 가족들을 데리고 고향으로 돌아가야겠소."

"우린 이미 출가외인이에요. 더 이상 여기 있어 봤자 우리에게 돌아올 유업도 없을 거예요. 아버진 우리를 팔고, 우리를 판 돈도 다 먹어버렸어요. 하나님께서 우리에게 주신 재물은 다 우리 아들과 우리 것이니 뭐든지 하나님이 말씀하신 대로 하세요."

두 아내가 찬성하자 야곱은 아이들과 아내들을 낙타에 태웠어. 뿐만 아니라 하란 땅에서 얻은 모든 소유를 가지고 아버지 이삭에게로 향했지. 라헬은 그의 아버지가 수호신으로 숭배하는 트라빔을 훔쳐 아무에게도 알리지 않고 몰래 떠났단다.

야곱의 일행이 강을 건너 길르앗 산을 향하여 부지런히 길을 가고 있을 때, 라반은 야곱의 일행이 사흘 길이나 걸어간 뒤에야 그들이 도망쳤다는 사실을 알았다.

"이런 배은망덕한 일이 있나? 안 되겠다. 그들을 추격하자."

라반은 기가 막혀 종들을 거느리고 밤낮으로 말을 달린 끝에 칠 일만에 야곱을 따라잡았어. 그날 밤, 라반의 꿈에 하나님이 나타나셔서 그에게 말씀하셨어.

"야곱에게 함부로 손대지 말라. 그는 내 자녀니 잘잘못은 내가 심판할 것이다."

라반은 야곱을 따라잡았지만 함부로 손댈 수 없었지. 라반은 부드럽게 말했어.

"야곱아, 넌 왜 내게 알리지도 않고 칼로 잡은 포로들처럼 내 딸들과 손자

들을 데리고 떠났느냐? 네가 떠나겠다고 하면 내가 북치고 하프를 뜯으며 잔치를 열어 기쁜 낮으로 너희들을 보내지 않을까보냐? 내 손자들과 딸들에게 입 맞추지도 못하게 하고 이렇게 도망치다니! 넌 정말 쾌심한 짓을 했구나.”

“외삼촌! 삼촌 몰래 떠난 것은 죄송합니다. 혹시 외삼촌이 강제로 딸들을 내게서 뺏고 나만 쫓아내실까봐 두려워 그랬습니다.”

“그래, 널 해칠 수도 있지. 그러나 너의 하나님이 나타나셔서 말리니 참겠다. 그런데 네가 네 아버지 집으로 돌아가는 건 좋다만 왜 내 수호신을 훔쳐 갔느냐?”

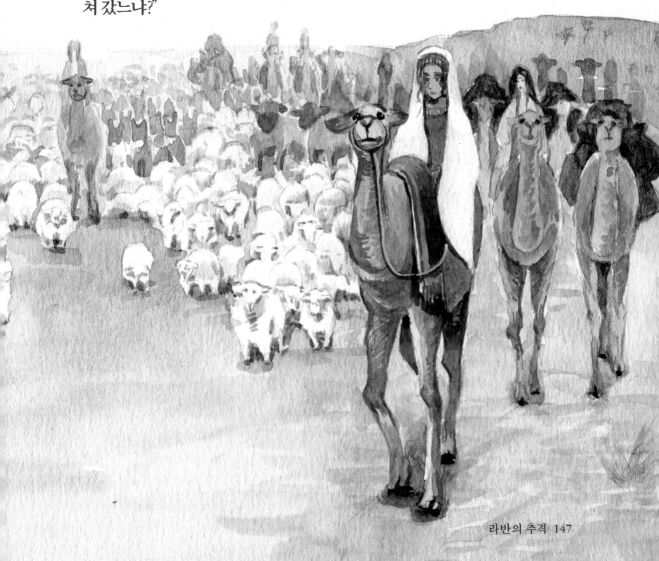

"무슨 말씀이십니까? 그 물건이 우리 가족들에게서 발각되면 그가 누구든 죽을 것입니다. 또 내게 있는 것들 가운데 장인의 것이 조금이라도 있으면 가져가세요."

야곱은 라헬이 라반의 수호신을 훔친 줄 모르고 당당하게 말했어. 라반이 야곱과 레아와 두 여종의 장막을 뒤지고 라헬의 장막을 뒤질 차례가 됐어. 라헬은 얼른 아버지의 수호신을 꺼내어 말안장 밑에 넣고 그 위에 앉아 몸이 불편하여 일어나지 못한다는 핑계를 댔어. 라반이 모든 장막을 다 뒤져보았지만 결국 그것을 찾지 못했어. 그러자 야곱이 화를 내어 라반에게 따졌단다.

"그 보십시오. 제가 뭘 잘못했기에 그렇게 급히 쫓아오셨습니까? 외삼촌께서 내 물건을 다 뒤져서 무엇을 찾아냈습니까? 나의 형제들과 외삼촌의 형제들 앞에 그것을 두고 우리 둘 사이를 판단하게 하십시다."

야곱은 그동안 외삼촌에게 당한 설움을 모조리 터뜨려 놓았다.

"외삼촌의 집에서 이십 년을 지내면서 십사 년은 외삼촌의 두 딸을 위해, 육년은 품삯을 위해 일했지요. 그러면서 밤에는 서리를 맞고, 낮에는 목마름을 참아가며 봉사했지만 외삼촌은 제게 줄 삯을 열 번이나 바꾸셨지요. 하나님께서 함께 계시지 않았다면 지금도 나를 빈손으로 보냈을 겁니다. 그러나 하나님께서 내 고생과 수고한 것을 모두 알고 계시기에 어젯밤 꿈에 외삼촌을 꾸짖으신 겁니다."

"이 딸들은 내 딸들이요, 이 아이들은 내 손자들인데 내가 뭘 어떻게 하겠느냐? 네가 보고 있는 저 모든 것들이 다 내 것이란 사실은 틀림없지 않으냐? 그러니 나와 너 사이에 언약을 세워 그것으로 증거를 삼자."

야곱은 열두 형제들에게 돌들을 주워 모으게 하고 돌무더기를 쌓아올리게 했다. 야곱은 그 땅을 '갈르엣' 이라 불렀고 라반은 '미스파' 라고 하며 이렇게 말했다.

"우리가 멀리 있어도 하나님이 우리 사이를 지켜보실 것이다. 만일 네가 내 딸들을 구박하거나 내 딸들 외에 다른 아내들을 얻는다면 하나님이 증거 하시리라. 너와 나 사이에 기둥을 쌓았으니, 나는 이 무더기를 넘어가 널 해치지 않고, 너도 날 해치지 말라. 아브라함의 하나님, 나홀의 하나님이 우릴 판단하실 것을 맹세하노라."

라반의 맹세가 끝나자 야곱도 이삭의 두려워하는 하나님의 이름으로 맹세했다. 야곱은 산위에 올라가 희생제물을 잡아 하나님께 제사를 드렸어. 그리고 그 음식을 라반과 모든 사람과 나누어 먹고 산에서 함께 밤을 지냈다. 그리하여 라반은 아침 일찍 일어나 딸들과 손자들에게 입 맞추고 축복한 뒤 자기 집으로 돌아갔다.

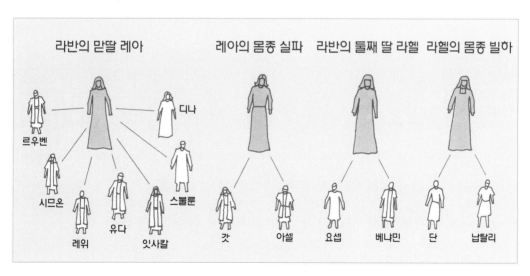

〈야곱의 아내들과 자녀들〉

창세기 32장
천사와의 씨름

야곱은 여행을 계속했다. 이십 년 전, 에서 형의 축복을 가로채고 하란으로 도망치는 길에 하나님을 만난 곳으로 다시 돌아오니 오는 길에 하늘로부터 천사들이 오르락내리락하는 것이 눈에 보였어.

"아, 하나님의 군대가 지금까지 나를 지켜주고 계시는구나!"

야곱은 그 천사를 보고 안심하고 길을 갔어. 형을 피해 달아날 때와 같이 하나님이 야곱을 지켜주고 계신다는 것을 알고 야곱은 용기가 부쩍 솟았지. 야곱은 그 땅을 '마하나임(하나님의 군대)' 이라고 했다. 야곱은 에서가 세일 땅에 있다는 소식을 듣고 심부름꾼을 보내며 일러줄 말을 가르쳐주었어.

"너희는 가서 나의 형님 에서에게 이렇게 전해라. '당신의 종 야곱이 외삼촌의 집에서 지내다가 지금 돌아오는데, 수많은 가축들과 종들을 얻어오기에 형님께 선물로 보내어 형님께 은총받기를 바랍니다.' 하고 말씀드려라."

그런데 심부름꾼들이 급히 달려오더니 두려운 소식을 전해주는 게 아니겠니.

"주인님, 우리가 갔더니 주인님의 말씀을 전하기도 전에 당신의 형님이 사백 명의 무리들을 거느리고 주인님을 만나러 오고 있었습니다."

야곱은 가슴이 덜컹했어. 야곱은 얼른 자기와 함께 있는 일행들을 두 무리로 나누었다. 만일 에서가 와서 치면 나머지 한쪽이라도 얼른 달아날 수 있게 하려고 했지. 그리고 하나님 앞에 엎드려 간절하게 기도를 드렸단다.

"오, 아브라함의 하나님, 내 아버지 이삭의 하나님이시여, 주께서는 제게 고향 친척에게로 돌아가라고 하셨나이다. 저는 주의 종에게 베푸신 모든 자비와 모든 진리의 가장 작은 것이라도 받을 가치가 없는 자입니다. 하오나 지팡이 하나만 가지고 이 강을 건넜사온데, 지금은 두 무리나 되는 가족과 가축들을 이루었나이다. 오! 주께 부탁드립니다. 형의 손에서 저를 구해주소서. 그가 와서 저와 제 처자들을 죽일까 두렵습니다. 주께서는 반드시 제게 선을 베풀어 제 씨가 셀 수 없는 바다의 모래 같으리라고 하시지 않았습니까."

야곱은 기도를 마치고 형에게 보낼 선물을 골랐다. 암염소, 숫염소, 암양, 숫양, 약대, 암소, 황소. 암나귀 등 550마리나 되는 가축들이었지. 그 가축들을 각 종류대로 무리를 지워 맨 앞에는 종들을 세워 이끌고 가게 했어. 자신과의 거리를 두게 해서 말이야. 그리고 각 줄의 맨 앞에선 종들에게 이렇게 말하라고 시켰단다.

"내 형 에서가 너희를 만나 묻거든 당신의 종 야곱이 당신에게 보내는 선물이라고 말해라. 또 야곱도 뒤에 따라온다고 하여라. 내가 앞에 보내는 선물로 형의 마음을 달래고 난 후에 형을 만나면 그가 나를 받아 줄 것이다."

야곱은 에서에게 보내는 선물들을 종에게 이끌게 하여 앞서 출발시켰어. 밤이 되자, 야곱은 아내와 아이들과 모든 소유들을 강을 건너게 했어. 그리고 혼자 남은 야곱은 무릎을 꿇고 하나님께 기도하기 시작했다. 그런데 한참을 기도하다가 고개를 들어보니 야곱의 눈앞에 어떤 사람이 서있는 게 아니겠니? 야곱은 그가 하나님의 천사인 것을 알아보았단다. 야곱은 얼른 기어가 그의 무릎을 붙들고 애원했다.

"오, 주여! 저를 불쌍히 여기소서. 형의 손에서 저를 구하여 주소서."

"넌 꾀 많은 자 아니냐? 네 힘으로 해보지 그러느냐? 네가 잘하는데 내 힘이 무슨 필요가 있느냐?"

"오, 주여! 주께서는 모든 것을 아시나이다. 형이 저를 죽이러 오고 있나이다."

"놓아라! 나는 가겠다. 너는 꾀가 많아 내가 아니어도 잘 할 것이니 네 힘으로 해결해 보아라."

"오! 주여! 안 됩니다. 저를 축복해주시기 전에는 놓지 않겠습니다."

야곱은 죽자고 천사의 다리를 꽉 붙들었지. 새벽이 가까워 오자 둘의 싸움은 더욱 치열해졌어. 천사는 야곱을 떼어 내려하고 야곱은 끈질기게 붙들고 늘어졌지. 그러자 야곱을 이길 수 없어진 천사가 손으로 야곱의 엉덩이 우묵한 부분에 있는 골반 뼈(고관절)를 쳐버렸지.

"으악!"

야곱이 비명을 지르며 떨어져 나갔어. 그래도 야곱은 다시 천사를 향해 기어가려했지만 너무 아파서 꼼짝할 수가 없었지.

"네 이름이 무엇이냐?"

"제 이름은 야곱입니다. 오, 그렇습니다. 저는 꾀 많은 자며, 비겁한 인간이고, 형의 것을 가로챈 못된 야곱입니다. 한마디로 더러운 인간이었습니다."

야곱은 지난날, 자신이 저지른 잘못들을 모두 뒤돌아보며 눈물콧물이 뒤범벅이 되도록 뉘우쳤어. 그 모습을 지켜본 주의 천사는 눈을 부릅뜨고 말했다.

"그래, 네가 이겼다. 이제 너의 이름을 '이스라엘'이라고 하여라. 이젠 남의 것이나 가로채고 잔꾀나 부리는 자가 되지 말고 '하나님의 군사'가 되란 말이다."

"오, 은혜로우신 주여! 정말 고맙습니다. 그런데 당신은 누구시옵니까?"

"어찌하여 내 이름을 묻느냐? 너는 이미 축복을 받았느니라. 에서는 너의 머리털 하나라도 건드리지 못할 것이니 안심하고 가라. 자, 저길 보아라."

그 순간, 하나님의 천사는 순식간에 사라져버렸다. 야곱은 마침내 천사와 겨루어 이기고 축복을 받아낸 거지. 그렇지만 야곱은 탈골이 되어서 다리를 절뚝거려야 했다. 그 후 야곱은 천사와 씨름했던 장소를 '브니엘'이라 했단다. '하나님의 얼굴'이란 뜻으로 '하나님과 겨루었지만 죽지 않았다'는 뜻을 가진 말이란다. 그래서 오늘날까지 이스라엘 자손들은 고기를 먹을 때 넓적다리 우묵한 곳에 있는 줄어든 큰 힘줄은 먹지 않는 풍습이 전해져내려 온다는구나.

창세기 33-34장
에서와의 화해

기어이 하나님의 축복을 얻어냈지만 야곱은 다리를 절뚝이며 걸어야 했어. 야곱은 간신히 아픈 다리를 끌고 강을 건너 가족에게로 돌아갔어. 그때마침 종이 야곱에게 달려와 다급히 외쳤다.

"주인님, 저기 보십시오. 주인님의 형님이 오고 있습니다."

야곱이 눈을 들어보니 과연 에서가 사백 명 가량의 무리를 거느리고 오고 있었어. 야곱은 자식들을 나누어 네 명의 아내들에게 맡기고 형을 만날 준비를 했다. 천사가 머리털 하나라도 다치지 않게 해 준다고 하셨지만, 혹시라도 에서가 앞에서 공격해오면 뒤에 있는 사람들이라도 달아나 살아남도록 해야겠다는 생각에서였지.

앞줄에는 여종과 그들의 자식들을 세우고, 그 뒤에 레아와 그의 자식들을 세웠어. 야곱이 제일 사랑하는 라헬과 요셉은 맨 뒤에 두었지. 그런 다음 야곱은 맨 앞에 나가 에서 앞에 다다를 때까지 일곱 번이나 땅에 엎드려 절을 했단다. 멀리서 그것을 본 에서가 야곱에게로 달려 나오며 외쳤다.

"이게 누구야? 내 동생 야곱이 아니냐. 오오, 야곱아! 이게 얼마만이냐?"

"형님, 형님의 종 야곱입니다. 저를 알아보시겠습니까?"

에서는 야곱을 일으켜 끌어안고 입 맞추며 눈물을 흘렸다. 속으로 잔뜩 긴장하여 불안에 떨고 있던 야곱은 그제야 형 에서가 자신을 미워하는 마음이 없고 자신을 죽일 마음이 없다는 것을 알았어. 야곱도 오랜만에 형을 만나니 반갑고 고마워서 눈물이 나왔단다. 둘은 부여안고 엉엉 울며 다시 만난 기쁨을 나누었다. 눈시울을 닦은 에서가 야곱이 세워 놓은 아내와 일행들을 돌아보며 물었어.

"너와 함께 있는 저 사람들은 누구냐?"

"하나님께서 종에게 주신 처자식들입니다. 모두 인사드려라! 내 형님이시다."

그러자 맨 앞에선 여종들부터 차례로 나아와 에서에게 절을 올렸어. 야곱의 가족들과 인사를 나눈 에서는 야곱이 보낸 선물을 보고 의아해서 말했다.

"야곱아, 저 가축들은 또 웬 것이냐?"

"네, 형님. 이것들은 형님께 은혜를 얻고자 드리는 선물입니다. 받아주십시오."

"내 아우야! 내게 있는 소유만으로도 충분하니 네 소와 양들은 네가 가져라."

"형님이 저를 용서하시고 받아주신다면 제 선물도 받아주십시오. 형님의 얼굴과 기뻐하시는 모습을 뵈오니 마치 하나님의 얼굴을 뵙는 듯합니다. 하나님이 은혜를 베푸시어 제게는 가축이 충분히 있습니다. 부디 제 축복을 받아주소서."

에서는 야곱의 선물을 사양했지만 야곱이 억지로 권하여 마지못해 선물을 받았다.

"자, 내가 앞설 테니 모두들 우리 집으로 가자꾸나."

에서는 진심으로 야곱을 용서하고 자기 집으로 데려가서 대접하고 싶어 했지만 야곱은 여전히 두려움이 남아 사양하였다.

"형님, 형님도 보시다시피 어린 것들이 아직 약하고, 새끼 밴 양떼와 소떼들은 하루만 무리하게 몰아도 모두 죽을 것이니 형님은 앞서 가소서. 저는 천천히 형님 뒤를 따라가 세일로 가서 형님을 찾아뵙겠습니다."

"그럼 내 종 몇 사람을 네게 남겨둘 테니 그들의 도움을 받도록 하여라."

"그러실 필요는 없습니다. 제게도 많은 종이 있으니 그들을 시키면 될 것이오니 걱정 말고 앞서 가시지요."

그리하여 에서는 세일로 돌아가고 야곱은 얍복강 북쪽 숙콧으로 가서 처음으로 자기 집을 짓고 가축의 우리도 크게 만들었다.

야곱은 그들의 거처를 지은 땅을 세켐 성읍의 살렘에 있는 그곳 족장 하몰에게서 사들여 거기다 제단을 쌓고, '엘엘로헤 이스라엘'이라고 불렀다. '하나님, 이스라엘의 하나님'이란 뜻이었지.

그렇지만 그 곳은 하나님이 가라고 지시한 땅이 아니었어. 그래서 불행한 일이 일어나고 말았단다. 디나가 그 곳 친구들을 보러나갔다가 그 지방의 통치자인 세겜에게 납치당하고 만 거란다. 야곱은 양을 치러간 아들들이 돌아올 때까지 기다렸어. 그리고 아들들이 들에서 돌아오자 그 소식을 알렸지. 아들들은 분통을 터뜨렸단다.

"뭐라고요? 그런 나쁜 놈이 있나. 감히 이스라엘의 딸을 해치다니! 이 일은 있을 수 없는 일이니 그냥 둘 수 없습니다."

그런 줄도 모르고 족장의 아들 세겜은 디나를 본 후 상사병이 생겼어. 세겜은 그의 아버지 하몰을 시켜 디나를 아내로 얻게 해 달라고 부탁했지. 그러자 하몰은 귀한 외아들의 소원을 들어 주기위해 야곱을 찾아와서 말했단다.

"내 아들이 당신 딸을 좋아하니 그 아일 내 며느리로 주시오. 그러면 우리 딸들도 당신의 아들들과 혼인하게 하겠소. 그리하여 우리 땅에서 서로 도우며 사십시다."

하몰의 아들 세겜도 디나를 찾으러온 오빠들에게 간청했단다.

"나는 디나를 사랑합니다. 디나를 내 아내로 주시오. 당신들이 요구하는 것은 무엇이든 주겠습니다. 아무리 많은 지참금이나 예물을 달라 해도 다 들어드리겠소."

"우린 할례 받지 않은 사람들과는 혼사를 하지 않소, 그건 치욕스러운 일이오. 꼭 우리와 혼사를 맺으려면 당신들의 성읍에 있는 모든 남자들이 할례를 받고 우리처럼 된다면 우리 딸들과 혼인도 하고 당신들과 한 백성으로 살 수 있을 것이오."

"우리말을 듣지 않겠다면 당장 디나를 데려가겠소."

디나의 오빠들이 한 말은 진심이 아니었어. 여동생을 더럽힌 그를 결코 그냥 둘 수 없어 세겜을 속인 건데 아무것도 모르는 세겜은 결혼승낙을 받았다고 좋아했지.

"좋습니다. 그건 문제될 게 없으니 당장 할례를 받겠소."

세켐은 디나를 사랑하는 마음에 즉시 성읍사람들을 모아놓고 설득하였지. 사람들은 족장의 아들이 하는 말이 그럴듯하여 세켐과 모두 함께 할례를 받았어. 그들이 할례를 받은 지 사흘째 되던 날이었어. 살을 베어낸 상처의 통증이 제일 심할 때였지. 디나의 친 오빠인 시므온과 레위는 칼을 들고 가서 하몰과 세켐을 죽이고 그 성의 남자들까지 모조리 죽이고 디나를 구출하여 나왔단다. 뿐만 아니라 나머지 아들들도 모두 가서 그 성에 있는 모든 재산과 가축과 사람들을 빼앗았어. 자기 누이를 해친 원수를 갚았던 거지. 그 소식을 듣고 야곱은 기가 막혀서 부르짖었어.

"너희가 어찌 이런 짓을 하여 나를 괴롭히느냐? 너희들이 이 땅의 거민들에게 악취를 풍기게 했다. 그러니 저들은 힘을 합쳐 우리를 적으로 삼고 죽이려 할 것이다. 그러면 나와 내 집이 망하고 말 것이니 이 일을 어찌한단 말이냐?"

"아버지, 그럼 그 자들이 우리 누이를 더럽혔는데 그냥 보고 있으란 말입니까?"

야곱은 아들들의 말대꾸에 무어라 할 말이 없었다.

창세기 35장
벧엘의 하나님

야곱은 더 이상 그 땅에 머물 수가 없었어. 주위 성읍 사람들이 언제 쳐들어올지 모르는 형편이었기 때문이지. 이방인에게 모욕을 당한 딸과 살인을 저지른 아들들, 아버지 라반의 수호신을 훔쳐온 아내 라헬, 사방에서 달려드는 적들…. 생각하면 하나님 앞에 모든 것이 부끄럽고, 무섭고, 죄스러운 일밖에 없었단다. 그런 야곱의 마음을 아시는 하나님은 야곱을 일깨워 주셨어.

"야곱아, 너는 벧엘로 올라가거라. 거기서 네가 네 형의 낯을 피해 도망칠 때 네게 나타났던 하나님께 제단을 쌓으라. 그 때처럼 내가 너를 보호해 줄 것이다."

하나님의 말씀을 마음깊이 새긴 야곱은 모든 가족들을 불러놓고 엄숙히 말했단다.

"지금부터 내가 하는 말 잘 들어라. 우리가 하나님 앞에 죄를 짓고 그냥 살아갈 수는 없다. 너희 가운데 있는 이방신을 버리고 죄를 벗어버리고 너희 자신을 깨끗이 하여라. 그리고 벧엘로 올라가 내가 고생하던 날에 내 기도에 응답해주시고 나와 동행하셨던 하나님께 제단을 쌓고 용서를 구하자. 하나님이 내리신 명령이니 한 사람도 빠짐없이 나의 지시를 따르도록 하라."

"네, 아버님의 말씀을 명심하겠습니다."

야곱의 말을 들은 가족들은 즉시 가지고 있던 이방 신상들과 그곳에서 얻었던 귀고리나 금은패물들을 모두 야곱에게로 가져왔다. 라헬이 훔쳐온 신상도 가져왔지. 야곱은 그것들을 모두 모아 상수리나무 밑에 묻고 길을 떠났다. 주위 성읍 사람들이 뒤따라와서 칠까 봐 무서웠지만 하나님은 그들에게 두려운 마음을 주어 손가락 하나 까딱하지 못하게 해 주셨단다.

야곱의 일행은 무사히 세겜을 빠져나와 카나안 땅 벧엘에 이르렀다. 그 곳은 오래전 야곱이 하란으로 가는 길에 하나님의 사다리를 본 장소였지. 야곱은 하나님의 명령대로 그 곳에 제단을 쌓고 준비해온 어린 양으로 희생 제사를 드렸단다. 야곱이 하란에서 돌아온 지금 하나님은 그 때처럼 다시 나타셔서 말씀하셨어.

"네 이름이 야곱이지만 이젠 이스라엘이라고 부르도록 하라. 그것이 네 이름이니라. 나는 무슨 일이든지 이룰 수 있는 하나님이다. 너는 다산하고 번성하라. 네게서 여러 민족들이 나오고 네 후손 가운데서 왕이 나올 것이다. 내가 아브라함과 이삭에게 준 땅을 네게 주며, 네게서 태어날 너의 후손에게 그 땅을 물려주리라."

하나님은 말씀을 마치시고 하늘로 올라가셨다. 야곱은 그곳을 '엘벧엘(벧엘의 하나님)'이라고 했단다. 이스라엘은 하나님이 말씀하신 그 곳에 돌기둥을 세우고 그 위에 포도주와 기름을 붓고 주위 사람들에게 말했다.

"하나님께서 이제부터 내 이름을 이스라엘이라고 부르게 하셨다. 예전의 허물 많은 야곱을 버리고 '하나님의 군사'가 되라는 뜻으로 고쳐주신 것이다. 너희도 이제부턴 날 이스라엘이라 불러라."

이스라엘의 일행이 길을 떠나 에프랏에 조금 못 미쳤을 때였다. 라헬이 갑자기 산통을 호소했어. 그 고통이 너무 심해 라헬의 목숨이 위태로울 지경이었단다.

"여보, 아기가 나오려는데 거꾸로 나오고 있나 봐요."

"마님, 두려워 마세요. 아들이에요! 마님은 아들을 낳고 계십니다요. 힘내세요."

"아아, 아무래도 난 곧 죽을 것 같아요. 내가 죽으면 아기이름을 베노니(라헬의 슬픔의 아들)라고 불러주세요."

"여보, 정신 차려요. 죽으면 안 돼! 제발 눈을 떠 보오…."

이스라엘이 아무리 안타깝게 붙들어도 결국 라헬의 생명은 끊어지고 말았다. 라헬이 죽자 가장 사랑하는 아내를 잃은 이스라엘은 세상이 무너지는 것 같았단다.

"아아, 내가 라헬을 죽인 거야. 외삼촌 라반에게 수호신을 훔쳐간 자가 누구든지 그가 죽을 거라는 말을 하지 않았더라면 라헬이 죽지 않았을 텐데…."

이스라엘은 슬퍼 울며 라헬을 베들레헴에 묻고 그 앞에 돌기둥을 세웠어.

그 돌기둥은 오랜 세월이 지난 오늘날까지도 에프랏과 베들레헴 지역의 경계 표지로 남아있단다.

야곱은 그 후 라헬이 낳은 아이를 '베냐민(내 오른 손의 아들)'이라고 이름 짓고 어미 잃은 아이를 오른손처럼 아끼고 사랑하였다. 라헬이 죽어 아내는 셋으로 줄었지만 이스라엘의 아들은 열둘로 늘어났어.

레아에게서 낳은 아들들은, 르우벤과 시므온, 레위, 유다, 잇사칼, 스불론 이며, 라헬의 아들은 요셉과, 베냐민이며, 라헬의 여종 빌하는 단과 납탈리를 낳았고, 레아의 여종 실파는 갓과 아셀을 낳아, 모두 열 두 명이나 된 것이란다.

이스라엘은 모든 가족과 종과 가축들을 이끌고 마침내 아버지 이삭이 살고 있는 헤브론 성읍 마므레로 돌아왔어. 그러나 그렇게 야곱을 사랑했던 어머니는 이미 돌아가셨고, 아버지 이삭은 거의 죽을 날이 가까워 아들을 알아보지 못했어.

야곱이 돌아온 지 얼마 지나지 않아 이삭은 죽어서 조상들에게로 돌아갔어. 야곱은 형 에서와 함께 아버지를 고이 장사지냈다.

창세기 37장
요셉의 꿈

야곱은 아버지 이삭이 살던 땅에 가족들과 함께 자리를 잡고 살았어. 세월이 흘러 사랑하는 아내 라헬이 낳은 요셉의 나이가 벌써 열일곱이나 되었지. 요셉은 이제 어엿한 양치기가 되어 형들을 따라다니며 양을 먹이기 시작했어. 사랑하는 아내 라헬을 잃은 야곱은 그녀가 낳은 아들 요셉과 베냐민을 모든 아들보다 유난히 더 사랑했단다. 요셉에게는 다른 아들에게 입히지 않는 채색옷을 지어 입히고, 맛있는 음식이 있어도 감춰두었다 요셉에게 주었지. 그런데다 요셉은 얄미운 짓만 골라했단다. 형들을 따라 양을 치면서 형들의 잘못을 아버지에게 일일이 고해바치거나, 입바른 소릴 해서 형들을 화나게

했지. 여종들이 낳은 형들은 아버지 몰래 나쁜 짓을 많이 저질렀거든. 그래서
형제들은 모두 요셉을 미워했어.

어느 날 요셉은 형들에게 제 꿈 이야기를 했단다.

"형님들! 지난 밤 내가 꿈을 꾸었는데 들어보세요. 우리가 들판에서 곡식
단을 묶고 있는데 내가 묶은 곡식 단이 똑 바로 일어서자, 형님들의 곡식
단들이 내 곡식 단을 빙 둘러서더니 내게 절하지 않겠어요. 정말 이상한
꿈이죠?"

"뭐? 이 녀석 보게. 그럼 네가 우릴 다스리는 통치자가 되겠다는 말이냐?"

"건방진 놈! 얄미운 말만 골라하는군. 감히 네까짓 게 우리들을 다스리겠다고? 흥! 어디 두고 보자."

형들은 요셉의 꿈 이야기를 듣고 요셉을 더욱 미워했어. 요셉은 눈치도 없이 또 며칠이 지나 다른 꿈을 꾸고 아버지와 형들이 있는 자리에서 꿈 이야기를 했단다.

"아버지! 형님들! 제가 이번에 또 이상한 꿈을 꾸었어요. 해와 달과 열 한 개의 별들이 내게 절을 하지 않겠어요. 왜 자꾸 이런 꿈을 꾸는지 모르겠어요."

그 이야기를 들은 아버지 이스라엘이 요셉을 꾸짖었다.

"애야, 요셉아! 무슨 그런 망측한 이야기를 하느냐? 그럼 나와 네 어미와 형제들이 네게 절을 하기라도 한다는 말이냐? 다시는 그런 꿈 이야길랑 하지 마라."

두 번째 꿈 이야기를 들은 요셉의 형들은 요셉을 더욱 미워하였지만, 아버지는 요셉이 장차 큰 사람이 되리라는 생각이 들어 요셉의 꿈을 마음에 새겨 두었다.

그러던 어느 날이었어, 요셉의 형들이 마므레에서 멀리 떨어진 세켐으로 양에게 풀을 먹이러 갔다. 이스라엘은 아들들의 소식이 궁금하여 요셉을 불러 말했어.

"요셉아, 너 세켐에 있는 형들에게 먹을 음식을 갖다 주어라. 그리고 네 형들이 양을 잘 먹이는지, 양들은 무사한지 살펴보고 오너라. 혼자 갈 수 있겠느냐?"

"네, 아버지 염려 마셔요. 제가 얼른 다녀오겠어요."

요셉은 헤브론골짜기를 떠나 세켐으로 갔어. 세켐은 헤브론에서 40마일이나 떨어진 곳에 있었어. 요셉이 간신히 세켐에 도착하여 형들을 찾아다니고 있으니 어떤 사람이 누굴 찾느냐고 물었단다. 요셉은 반가워서 그를 붙들고 물었지.

"이 부근에서 양치는 목자들을 못 보셨나요? 제 형들이 여기서 양을 친다던데."

"그들은 여기를 떠났단다. 듣자 하니 도단으로 간다고 하는 것 같더구나."

"아, 예. 고맙습니다."

요셉은 얼른 도단으로 달려갔어. 요셉은 아버지가 보낸 떡과 말린 과일을 형들에게 빨리 갖다 주고 싶어 부지런히 걸음을 재촉했지. 요셉이 오는 것을 발견하고 형들이 말했어.

"흥! 저기 꿈쟁이가 오는군. 우리 저 녀석을 죽여서 구덩이에 묻고 그 자식이 꾼 꿈이 어떻게 되는지 두고 보는 게 어때?"

"그거 좋겠다. 아버지께는 악한 짐승이 잡아먹었다고 하면 될 거야."

형제들이 무서운 음모를 꾸미는 걸 보고 르우벤이 동생들을 말렸다.

"아서라, 그 무슨 흉측한 말이냐. 그래도 저애는 우리 핏줄이 아니냐. 죽이지는 말고 웅덩이에 던져 넣고 우리 손에는 피를 묻히지 말자."

"그도 좋은 방법이군. 그러면 저 꿈쟁이가 오는 즉시 웅덩이에 던져 넣읍시다."

요셉이 형들에게 가까이 오자. 형들은 다짜고짜로 요셉에게 달려들어 옷을 벗겼어.

"형님들! 왜 이러시는 겁니까? 살려주세요! 저를 웅덩이에 던지지 마세요."

"이 얄미운 꿈쟁이야! 그 속에서 네 꿈이 어떻게 이루어지는지 지켜보려무나."

"으악~. 살려주세요!"

형들은 요셉이 몸부림치며 애원해도 들은 척 않고 요셉을 우물 속에 던져 넣었어. 다행히 그 곳은 물이 없는 웅덩이였지. 요셉의 형제들은 그래놓고 시치미를 떼고 양을 먹었다. 그들이 한나절 양을 치다가 끼니때가 되어 둘러앉아 음식을 먹고 있으니 한 무리의 상인들이 지나가고 있었어. 그들은 낙타 등에 향료와 유향과 몰약을 싣고 이집트로 팔러가는 대상들이었지. 그걸 본 유다가 무릎을 쳤어.

"내게 좋은 생각이 있어. 우리가 동생을 죽이면 무슨 이득이 있겠나. 그래도 그 앤 우리의 핏줄이요. 형제간이 아니냐? 그 아이를 죽이지 말고 차라리 상인들에게 팔아버리자. 그러면 얄미운 놈도 없애고, 용돈도 생길 테니 일거양득이지."

"그래, 그래. 그게 더 낫겠군."

유다 의견에 형제들이 너도나도 좋다고 찬성했어. 형제들은 요셉을 구덩이에서 끌어올려 지나가는 아랍상인들에게 팔아버렸어.

노예소년의 값인 은 20개를 받고서 말이야. 그것도 모르고 르우벤은 양에게 물을 먹이러 갔다가 돌아와 구덩이에 던진 요셉에게 달려갔어. 그리고 요셉이 없었진 것을 보았지.

르우벤은 동생들이 요셉을 웅덩이에 던지면 나중에 돌아와 구해줄 심산이었어. 그런데 요셉이 없어진 걸 보고 자기 옷을 찢고 울며 형제들에게 말했어.

"아이가 없어졌다. 아아! 이일을 어쩐단 말이냐. 아버지 얼굴을 어떻게 보나?"

르우벤과는 달리 다른 형제들은 쉬쉬 모른 척하고 요셉의 옷에 염소피를 묻혀 아비에게 가져갔어.

"아버지, 우리가 이걸 주웠는데 혹시 아버지가 사랑하는 아들의 옷인지 보소서."

가장 큰 슬픔을 당했을 때, 이스라엘 사람들은 옷을 찢는단다. 아들들이 요셉의 피 묻은 옷을 가져왔을 때 야곱은 기절할 듯 놀라 옷을 찢고 땅에 뒹굴며 울부짖었지.

"오오, 이게 무슨 날벼락이란 말인가? 내 아들, 이건 내 아들 요셉의 옷이다. 아이가 악한 짐승에게 갈기갈기 찢긴 게 분명하구나. 아이구, 내 아들 요셉아!"

야곱은 요셉이 무서운 짐승에게 잡혀 먹힌 줄 알고 옷을 찢고, 허리에 굵은 베옷을 두르고 날마다 땅을 치며 통곡하였단다. 모든 가족과 아들들이 달려와서 위로하고 달래어도 모두 마다하고 울고 또 울었어.

"날 말리지 말라. 내가 그 아이를 찾을 수 있다면 음부까지라도 내려가겠다."

야곱은 사랑했던 아내 라헬에게서 늘그막에 얻은 지극히 사랑하던 아들을 잃은 슬픔으로 온 세상이 무너진 듯 오랫동안 눈물을 멈출 수가 없었단다.

창세기 39-40장
감옥에 갇힌 요셉

한편, 아랍상인들의 손에 팔린 요셉은 그들을 따라 이집트로 갔어. 요셉은 다시 이집트왕의 경호대장인 포티발의 노예로 팔렸지. 요셉은 그 집에서 주인의 일을 열심히 했단다. 요셉과 함께하시는 하나님께서 요셉이 하는 일마다 잘되게 해주셨지.

'저 애는 분명 히브리인의 신이 함께하는 아이구나. 뭘 맡겨도 안심이겠군.'

주인 포티발은 얼마 지나지 않아 요셉이 정직하고 성실하고 똑똑하다는 것을 알아보았단다. 그리하여 그를 믿고 요셉에게 그가 가진 모든 재산을 관리하게 하고, 크고 작은 집안일까지도 요셉에게 맡겼어.

요셉이 포티발의 집안을 관리하고 난 후로 하나님은 요셉으로 인해 포티발의 집에도 복을 주셨어. 가축들이 점점 늘어나고, 들에 심은 곡식들은 해마다 풍년을 거듭하여 재산이 점점 불어났지. 그럴수록 포티발은 요셉을 더욱 굳게 믿고 요셉에게 모든 것을 의지했단다. 자기 입에 들어가는 것 외에는 모든 것을 요셉에게 맡겼지.

요셉은 일도 잘했지만 어머니 라헬을 닮아 얼굴도 아주 잘 생긴 청년이었지. 주인의 아내는 요셉을 볼 때마다 마음에 욕심을 품었어. 요셉 같이 잘 생기고 훤칠한 아들을 낳고 싶어 틈만 있으면 요셉을 유혹했지. 그렇지만 그 때마다 요셉은 딱 잘라 거절했단다.

"마님, 이러지 마십시오. 주인님이 절 믿고 이 집안의 모든 것을 제게 맡기지 않았습니까? 주인님은 내게 마님 외는 모든 일을 내 맘대로 하게 하셨습니다. 그런 어른을 어찌 배반하며, 악한 짓을 하여 하나님께 죄를 짓겠습니까?"

그래도 주인의 아내는 끈질기게 요셉을 유혹했어. 그렇지만 요셉은 그때마다 핑계를 대고 피했지. 어느 날 포티발이 왕궁으로 출근하고 난 뒤였어. 요셉이 일이 있어 안채로 들어가니 주인의 아내는 또 요셉을 붙들어 침대로 끌어당기며 유혹했다.

"요셉, 여긴 우리 둘밖에 없어. 주인은 나중에 올 테니 나와 잠시 즐기자. 응?"

그러나 요셉은 그녀에게 붙잡힌 옷을 벗어버리고 그 자리를 도망쳐 빠져나왔어. 무안을 당한 안주인은 소리쳐 사람들을 불러 고래고래 소리를 질러 댔어.

"아이고 분해! 세상에 이런 일이 어디 있겠어요. 우리 주인이 데려온 히브리 노예가 나를 희롱하려고 하는 걸 내가 소리쳤더니 이 옷을 벗어놓고 도 망치지 뭐예요. 주인이 저를 어떻게 대우해 주었는데, 은혜도 모르는 노예 같으니라고!"

그녀는 요셉에게 거절당한 앙갚음을 하려고 거짓말로 요셉을 모함했단다. 그리고 남편이 돌아올 때까지 요셉의 옷을 걸어두었다가 남편에게도 일러바 쳤지. 아내의 말만 듣고 머리끝까지 화가 난 포티발은 당장 요셉을 잡아 옥에 가두었단다. 요셉이 갇힌 감옥은 왕의 죄수들을 가두는 곳이었지. 요셉은 처 음에는 쇠사슬로 발목까지 묶인 신세가 되었지만, 얼마 가지 않아 간수의 신 임을 받아 족쇄도 풀어주었어.

감옥을 관리하는 간수는 요셉의 됨됨이를 알고 감옥 안의 죄수들을 요셉에

게 관리하도록 했어. 하나님께서 요셉과 함께 계셨기 때문이었지. 요셉은 감옥에서도 간수의 대리인이 되어 모든 일을 도맡아하며 간수처럼 어려움 없이 지낼 수 있었지.

그 후, 두 사람의 죄수가 그 옥에 들어왔어. 이집트왕실에서 왕에게 술잔을 받들어 올리는 고관과 빵을 굽는 요리장이었어. 그들은 파라오가 먹는 음식에 독을 넣으려 했다는 의심을 받아 포티발의 감옥에 갇힌 거였어. 요셉은 그들에게도 친절을 베풀었지.

어느 날 아침, 요셉이 감옥 안으로 들어가니 두 사람이 근심어린 얼굴로 앉아 있었어. 요셉은 두 사람 가까이로 가서 친절하게 물었어.

"두 분께서는 어인 일로 이렇게 슬픈 얼굴을 하고 계십니까?"

"요셉, 내가 간밤에 이상한 꿈을 꾸었어. 그런데 그 꿈이 무엇을 뜻하는지 해몽해 줄 사람이 없으니 답답해 이러고 있네. 내 운명은 어떻게 될지 불안해서 말이야."

"나 역시 꿈을 꾸었는데 몹시 불길한 꿈이라 무서워서 견딜 수 없네."

"꿈 해몽은 하나님께 속한 일이니 제게 꿈 이야기를 해 주시면 해석해드리지요."

요셉의 말을 듣고 술잔 받드는 고관이 먼저 꿈 이야기를 했어.

"들어보게, 요셉. 꿈에 내 앞에 포도나무 한 그루가 있는데 세 가지가 나 있고, 싹이 나더니 꽃이 피고, 잘 익은 포도송이가 열리는 게 아니겠나? 그래서 내가 그 포도를 따 즙을 짜서 그 잔을 파라오의 손에 드렸다네."

"그 꿈의 해석은 이렇습니다. 세 가지는 삼일을 뜻하지요. 그러니까 삼일 후면 파라오께서 당신을 불러올려 지위를 회복시키고 당신은 전처럼 파라오께 잔을 들어드릴 것입니다. 만일 일이 잘 풀리거든 부디 나를 기억해

주서서 왕에게 말씀드려 제가 이곳에서 나갈 수 있게 해주시기 바랍니다. 저는 히브리 땅에서 끌려왔는데 옥에 갇힐 만한 일을 한 적이 없답니다. 억울하게 모함을 당해 이러고 있는 것입니다."

"고맙네. 내가 정말 여기서 나가게 된다면 자네 부탁대로 해주겠네."

빵 굽는 요리장이 술잔 받드는 고관의 꿈 해몽이 좋은 걸 보고 요셉에게 말했지.

"요셉, 내 꿈 이야기도 할 테니 들어보고 해몽해 주게. 내 머리에 흰 광주리 세 개가 있었는데, 맨 위에 있는 광주리에는 왕을 위해 만든 여러 가지 구운 음식이 있는데, 새들이 날아와 그것들을 먹었다네. 도대체 무슨 꿈인가?"

"세 광주리는 삼일을 뜻하지요. 삼일 후면 파라오께서 당신의 머리를 끊어 당신을 나무에 매달 것입니다. 그러면 새들이 와서 당신의 살을 뜯어 먹을 것입니다."

"뭐라고? 내가 죽는단 말인가? 오, 이럴 수가!"

빵 굽는 요리장의 얼굴이 죽은 사람처럼 변했어.

요셉의 꿈 해몽은 과연 그대로 들어맞았어. 삼일이 지나자 왕의 생일날이 되어 왕은 모든 신하들에게 잔치를 베풀었어. '파라오'란 이집트 말로 왕이란 말인데 두 사람은 파라오 앞으로 불려갔어. 그리고 요셉의 해석대로 술 맡은 고관은 오해가 풀려 지위를 회복했고, 빵 굽는 요리장은 교수대에 매달려 죽어 요셉의 해몽대로 되었어. 그러나 술 맡은 고관은 요셉의 부탁을 까맣게 잊고 말았단다.

창세기 41장
총리가 된 죄수

  그 일이 있은 후 만 2년의 세월이 흘렀어. 요셉은 그 때까지도 옥에 갇혀 있었지. 어느 날 이집트의 왕이 이상한 꿈을 꾸었는데 그 꿈은 보통 꿈이 아니었어. 왕은 하도 이상한 꿈이라 잠에서 깨었다가 다시 잠이 들었는데 두 번째도 똑 같은 꿈을 꾸었지. 아침이 되어 꿈에서 깬 왕은 간밤에 꾼 꿈이 너무 이상해서 불안하기 짝이 없었어. 그래서 신하들을 보내서 이집트 안에 있는 모든 마술사와 점쟁이와 박사들을 불러 모았지. 왕은 그들에게 꿈 이야기를 해 주었지만 아무도 그 꿈을 해석하지 못했단다. 그 때, 술잔 받드는 관리가 그제야 요셉을 기억하고 왕에게 말했다.

"파라오여, 소인이 오늘에야 잘못한 일이 생각납니다. 2년 전, 소신이 파라오께 노여움을 사서 빵 굽는 요리장과 함께 경호대장 포티발의 집 옥에 갇혔을 때였습니다. 어느 날 밤 우리가 각자 다른 꿈을 꾸었습니다. 그런데, 그 곳에 히브리에서 온 경호대장의 노예가 꿈 해몽을 잘한다기에 그에게 꿈 이야기를 했더니 그가 우리 두 사람의 꿈을 해몽해 주었지요. 그런데 그의 해몽대로 소신은 복직이 되었고, 빵 굽는 요리장은 사형되었나이다."

"뭐라고? 그 이야기를 왜 이제야 하는 거냐? 어서 가서 그 젊은이를 데려오라!"

그 말을 들은 왕은 즉시 사람을 보내어 요셉을 데려오게 했다. 요셉은 오랫동안 깎지 않은 수염도 깎고, 옷도 갈아입고 몸을 깨끗이 단장한 후 왕에게로 갔어.

"네가 히브리인 요셉이냐? 내가 들으니 너는 꿈 해몽을 잘 한다더구나. 내가 이상한 꿈을 꾸었는데 그것을 해석할 자가 아무도 없다. 그러니 네가 해몽해 보라."

"파라오여, 그것은 나의 능력이 아니옵니다. 내게 계신 하나님께서 옳은 해몽을 파라오께 주실 것이옵니다."

왕은 요셉에게 꿈 이야기를 자세히 해주었어.

"내가 꿈에 어느 강가에 서 있는데, 튼튼하고 잘 생긴 암소 일곱 마리가 강에서 올라와 풀밭에서 풀을 뜯어먹었어. 또 조금 있으니 그 뒤를 따라 야위고 흉측하게 생긴 암소 일곱 마리가 강에서 올라오더니 튼튼한 소들 곁에 서는 게 아니겠느냐? 그러더니 그 흉하게 생긴 소들이 튼튼한 소들을 다 먹어치웠느니라. 두 번째 꿈에는 곡식 한 줄기에서 일곱 이삭이 나오는데, 그 이삭이 아주 충실하고 무성했어. 그 뒤를 따라 또 깡마르고 바람에 시들어빠진 일곱 이삭이 나오더니 충실한 이삭들을 모조리 삼켜버렸다. 왜 내가 그런 꿈을 꾸었는지 매우 궁금하니 해몽해 보아라."

요셉이 그 꿈을 해석하기 시작했지.

"파라오께서 두 번 꾸신 꿈의 해석은 하나로서, 하나님께서 앞으로 하실 일들을 미리 보여주신 것입니다. 일곱 마리의 암소와 튼튼한 이삭은 7년을 말하는 것이며, 흉하고 마른 소와 이삭은 7년의 흉년이 들 것을 알려주신 것입니다. 앞으로 7년간은 풍년이 들어 튼튼한 이삭을 거둘 것이며, 그 후에 7년간은 흉년이 들 것입니다. 그 흉년이 너무 심해서 이 땅에서 풍년이 있었다는 사실을 기억하지 못할 정도로 가뭄이 이 땅을 태울 것이옵니다."

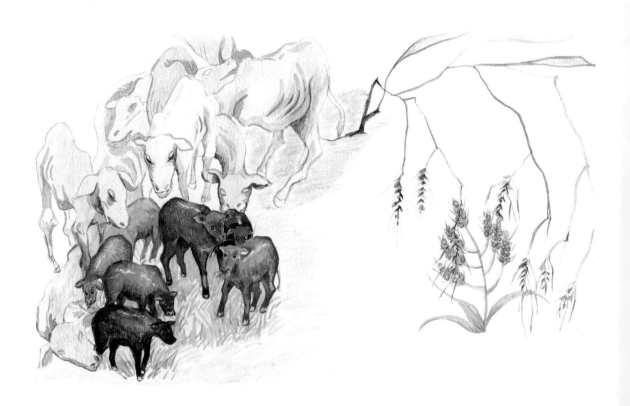

"오오, 그것이 사실이냐? 그러면 어쩌면 좋단 말이냐?"

"꿈을 두 번이나 꾸신 것은 하나님께서 그 일이 반드시 일어나게 하실 것이라는 뜻입니다. 하오니 파라오께서는 이제부터 현명한 사람을 찾아내어 이집트 땅을 다스리게 하고, 또 성실한 관리들을 임명하셔서 7년 동안 이집트 땅의 곡식 오분의 일을 모아서 왕의 국고에 쌓아두소서. 또 각 성읍마다 식량을 저장하여 칠 년의 흉년에 대비하시면 이 나라가 흉년으로 인해 멸망하지 않고 무사할 것이옵니다."

요셉이 말한 꿈에 대한 해석과 그에 대한 대비책을 듣고 난 왕과 신하들은 모두 크게 놀라서 고개를 끄덕였어. 왕은 신하들에게 말했어.

"우리가 이 사람처럼 하나님의 영이 그 안에 있는 사람을 어디서 찾아낼 수 있겠느냐? 이 사람으로 우리의 왕국을 다스리게 하자."

"지당하신 말씀이옵니다. 그를 이집트의 총리로 세우심이 마땅한 줄 아뢰오!"

왕은 당장 요셉에게 말했단다.

"요셉, 하나님께서 이 모든 것을 네게 보여주셨으니 너처럼 신중하고 현명한 사람이 또 어디 있겠느냐. 네가 나의 왕국을 다스려 다오. 나의 모든 백성들이 네게서 다스림을 받을 것이요. 너보다 높은 자리는 오직 왕의 자리뿐이니라. 내가 너에게 이집트의 온 땅을 치리하는 국무총리로 세울 것이니 허락하라."

왕은 곧 반지(옥쇄)를 빼서 요셉의 손에 끼워주고, 귀족들만 입는 세마포 천으로 만든 조끼를 입히고 금목걸이를 걸어주고 자신이 가진 마차 중에 두 번째 마차에 태워 온 나라에 요셉을 왕의 다음가는 자리인 국무총리라는 사실을 알렸단다. 그리하여 요셉이 탄 마차가 지나갈 때는 앞에 선 신하가 소리쳐 외쳤다.

"물러나라! 모두 무릎을 꿇어라! 이집트의 총리님이시다."

하고 말이야. 왕은 또 요셉에게 '사프낫파아네' 라는 새 이름을 지어주었어.
'세상의 구주' 라는 뜻이었지. 조금 전까지 죄수의 몸이었던 요셉은 온 세상
을 구하는 '생명의 구원자' 라는 이름을 얻게 된 거란다. 하나님께서 요셉을
통해 먼 후일에 자신의 아들을 이 세상의 구주로 보내실 모형으로 미리 보여
주신 거란다.

왕은 또 이집트 제사장 포티베라의 딸 아스낫을 요셉에게 아내로 주면서 말
했어.

"요셉! 너는 이제 내 왕국의 2인자가 되었다. 네 명령 없이는 온 이집트 땅에

서 함부로 행할 자가 없으리라! 지금부터 네가 이 왕국을 다스리도록 하라!'

"파라오의 은혜가 하해와 같사옵니다. 성심껏 파라오의 뜻을 받들겠나이다."

그리하여 요셉은 나이 서른에 총리가 되어 이집트 온 땅을 다스리기 시작했다. 왕의 꿈대로 과연 7년 풍년기간 동안은 엄청난 풍년이 들었어. 요셉은 7년 동안 이집트 땅의 구석구석을 돌아다니며 모을 수 있는 만큼 식량을 모아서 성읍의 창고마다 가득 쌓았다. 곡식을 바다의 모래만큼 모아들여 계산할 수가 없을 정도였지.

흉년이 들기 2년 전, 요셉은 두 아들을 얻었어. 맏아들 이름은 '므낫세'라고 지었어. '하나님께서 내가 당한 모든 고생과 아비집의 슬픔을 잊게 하셨다'는 뜻으로 지은 이름이었단다. 둘째 아들의 이름은 하나님께서 고난의 땅에서 다산하게 하셨다는 뜻으로 '에프라임(열매 맺음)'이라 불렀지.

7년의 풍년 기간이 지나자 이집트 땅에도 흉년이 시작되었어. 오랫동안 가뭄이 계속되니 식량을 모아두지 않은 부근의 나라들은 식량이 모두 바닥났지. 하지만 이집트는 걱정할 것이 없었어. 요셉이 7년 동안 알뜰히 모아두었기 때문이었지.

기근이 점점 더 심해져갔어. 그러자 이집트 땅에도 식량이 떨어져 온 나라 백성들이 왕에게 몰려와 양식을 달라고 아우성쳤다. 그럴 때마다 왕은 이렇게 말했단다.

"요셉에게 가서 그가 너희에게 시키는 대로 하라."

왕의 명령대로 백성들은 요셉에게 가서 식량을 사먹었어. 이집트뿐 아니라 부근의 나라들도 이집트에 저장해둔 곡식이 많다는 소문을 듣고 식량을 사기 위해 이집트로 몰려들었어. 요셉은 그들에게도 창고 문을 열어 식량을 팔기 시작했지.

창세기 42장
요셉에게 절한 형들

기근은 요셉의 가족들이 살고 있는 카나안 땅 헤브론에도 극심했어. 비 한 방울 내리지 않고 곡식 한 톨 구할 데가 없자, 야곱은 아들들을 불러놓고 말했다.

"얘들아, 이렇게 서로 얼굴만 쳐다보고 있으면 어쩌느냐. 앉아서 고스란히 굶어 죽을 작정이냐? 소문을 들으니 이집트엔 곡식이 있다더구나. 너희들이 그곳에 가서 곡식을 사오도록 하라. 그래야 우리 식솔들이 굶어죽지 않고 살아갈 것 아니냐."

요셉의 형들은 아버지의 뜻을 받들어 식량을 사러 이집트로 내려가게 되었다.

"혹시 또 무슨 해가 미칠지 모르니 막내 베냐민은 두고 너희끼리만 다녀
오너라."

 야곱은 막내아들 베냐민을 빼놓고 나머지 아들들만 보냈어. 열 명의 아들들
은 식량을 구하려는 사람들 틈에 섞여 이집트로 가 요셉의 앞에 서게 되었지.
요셉의 형들은 그 땅을 다스리는 총리가 요셉인 줄도 모르고 얼굴을 땅에 대
고 절을 했어. 그 옛날 요셉이 꾼 꿈이 그대로 이루어지는 순간이었지. 형들
은 그가 요셉인 줄은 꿈에도 몰랐어. 요셉은 그들을 한눈에 알아봤지만 모른
체하고 엄하게 말했다.

 "여봐라! 너희는 어디서 온 자들이냐? 수상해 보이는데 여긴 어찌 온 것
이냐."

"네, 저희는 카나안에서 식량을 사러왔습니다."

"흠, 내가 보기엔 이 땅을 살펴보려고 온 정탐꾼 같아 보이는데?"

요셉은 옛날에 꾼 꿈을 기억하고 형들을 시험해 보았어. 형들은 펄쩍뛰었지.

"저희는 절대로 정탐꾼이 아니옵니다. 양식을 사러온 것입니다. 믿어주소서."

"지나치게 예민한 걸 보니 더욱 수상하구나. 너희는 정탐꾼이 분명하다."

"저희를 믿어주소서. 저희 형제는 한 사람의 자식으로 원래 열둘이었으나 막내아들은 아버지와 함께 있고 하나는 잃어버리고 지금 없나이다."

"그래? 그럼 너희가 정탐꾼이 아니라는 사실을 증명해 보여라. 너희가 말한 그 아우를 여기로 데려와 보란 말이다. 그렇지 못하면 파라오의 이름에 맹세코 너희는 여기서 살아나가지 못하리라. 너희 중 하나가 네 아우를 데려올 동안 나머지는 모두 옥에 갇혀 있도록 하라."

"아닙니다. 아닙니다. 총리 각하! 제발 저희 말을 믿어주소서…."

요셉은 형제들이 아무리 변명을 해도 못들은 척하고 형제들을 삼 일 동안 감옥에 가두어 두었어. 3일이 지나자, 요셉은 다시 형들을 불러 말했지.

"나는 하나님을 두려워하는 사람이다. 그러니 무턱대고 남을 억울하게 하지 않는다. 만일 너희 말이 사실이라면 너희들이 살아날 방법을 가르쳐주겠다. 너희 중 한 사람만 옥에 갇혀 있고 나머지는 양식을 가지고 가서 너희 집안사람들이 굶어죽지 않도록 하여라. 그리고 너희 막내아우를 데려오너라. 그러면 너희 말이 사실이라는 것이 증명되고 너희가 죽음을 면할 것이다."

형들은 기막힌 일을 당하고 보니 지난날 저질렀던 죄가 떠올랐어. 그들은 서로 옛날에 자신들이 저지른 죄에 대한 이야기를 주고받으며 자기들의 잘못을 뉘우쳤어.

"이 모든 일이 그 옛날 우리가 하나님을 두려워하지 않고 저지른 죄의 값이다. 그 때 우리가 요셉에게 못할 짓을 저지르지 않았어? 그 아이가 그렇게 살려달라고 애원할 때 듣지 않고 냉정하게 거절했던 그 대가를 지금 톡톡히 치르고 있는 거야."

"그러게 내가 뭐랬어. 그 아이를 죽이지 말랬잖아? 그런데 너희가 듣지 않아서 그 피 값을 우리가 지금 받고 있는 거야. 우리가 뿌린 씨앗을 거두는 거라고!"

그들은 통역을 통해서 요셉과 말을 주고받았으므로 요셉이 자기들의 말을 알아들을 거라고는 꿈에도 생각지 못하고 서로 말을 주고받았어. 형들이 하는 이야기를 듣고 있는 요셉은 눈물이 절로 솟아났어. 요셉은 다른 사람이 눈치 챌까봐 얼른 자리를 피하여 실컷 울고 난 다음에 다시 나와 말을 마치고 형들이 보는 앞에서 시므온을 쇠사슬로 묶었어. 그리고 각 사람들의 자루에 곡식을 가득 담고, 돈도 그대로 넣고 길에서 먹을 길양식도 챙겨주게 하여 가나안으로 돌려보냈다.

일행이 나귀에 곡식을 싣고 다시 집으로 돌아가는 길이었어. 그 중 한 형제가 나귀에게 여물을 주려고 곡식자루를 열었다가 소스라치게 놀랐다.

"아니, 이게 웬일이지? 왜 자루 속에 돈이 들어있는 거지?"

"아! 하나님께서 우리에게 왜 이런 일을 당하게 하시는 것일까?"

그들은 너무 두려워서 마음이 녹는 것 같았어. 그리하여 불안한 마음으로 집으로 돌아가 아버지에게 그 모든 사실을 낱낱이 이야기했지.

"그러니까 막내아우를 데리고 오면 우리 말을 믿어주고 곡식도 사게 해주겠지만, 그렇지 않으면 우리가 정탐꾼이란 누명을 벗을 수가 없답니다.

이걸 보세요."

그들이 자루를 쏟자 각 사람이 가지고 간 곡식 값이 그대로 자루에 들어 있었어. 야곱은 두려움에 가득차서 아들들을 꾸짖으며 울부짖었다.

"너희들이 내 자식들을 다 잃게 하는구나. 요셉도 잃고 시므온도 갇혀 있는데, 베냐민마저 빼앗아 가려느냐? 어림없다. 어림없어. 불효막심한 것들 같으니라고!"

몸부림치며 우는 아버지의 눈물을 보다 못한 르우벤이 나서서 달랬다.

"아버지, 고정하소서. 만일 베냐민을 데려오지 못하거든 제 두 아들을 죽이세요. 제가 책임지고 베냐민을 꼭 데려오겠습니다."

"안 된다! 그 애 형도 죽고 혼자 남았는데, 만일 가는 길에 그 아이에게 화가 미치면 어쩔 것이냐? 너희가 나의 노년을 눈물로 채우고 음부로 내려가게 할 테냐?"

야곱은 절대로 그럴 수 없다며 말을 들으려 하지 않았다.

"야, 이 일을 어쩌면 좋으냐? 시므온이 속이 탈 텐데…."

"그러게 말이야. 아버지가 저렇게 완강하시니 억지로 갈 수도 없고….허! 난감하다."

요셉의 형제들은 아버지의 고집 때문에 이러지도 저러지도 못하고 한숨을 푹푹 내쉴 수밖에 없었단다.

하루 이틀 시간은 자꾸 흘러갔어. 그렇지만 갇혀 있는 시므온이나 가지 못하는 형제들은 가뭄에 갈라진 논바닥처럼 속이 타들어갔단다.

창세기 43장
베냐민과의 만남

날이 갈수록 기근이 심해졌어. 1년도 안 되어 사가지고 온 양식이 바닥났지. 또다시 굶어죽을 지경에 이르게 되자, 아버지는 아들들에게 말했다.

"애들아, 너희가 다시 가서 양식을 사와야겠구나. 이대로 굶어죽을 순 없잖느냐"

아버지의 말을 듣고 유다가 나서서 대답했어.

"아버지, 그 이집트 총리가 아우를 데리고 오지 않으면 자기 얼굴을 볼 생각도 하지 말라고 했는데 어쩝니까? 아우를 우리와 함께 보내주지 않으면 갈 수 없습니다."

"너희가 왜 아우가 있다고 말해서 나를 이토록 괴롭히느냐?"

"우리가 말한 게 아니라 그분이 우리의 친족에 관하여 자세히 물었어요. 너희 아버지가 살아 계시냐? 너희에게 아우가 있느냐? 하고 물어 대답했을 뿐이라고요. 그가 아우를 데려오라고 할 줄 누가 알았겠어요? 아버지, 제발 베냐민을 우리와 함께 보내주세요. 그래야만 우리가 가서 양식을 살 수 있고, 우리 가족들이 살 것입니다."

"그래요. 아버지가 우리말을 들어주셨더라면 벌써 두 번은 다녀왔을 것입니다."

"아버지, 제 목숨을 담보로 걸겠습니다. 만일 베냐민을 데려오지 못한다면 제가 그 책임을 지겠습니다. 아버지, 제발 부탁이오니 베냐민을 보내주세요."

유다가 눈물로 호소하자 아버지는 마음을 바꾸어 먹지 않을 수 없었어.

"그래, 어쩔 수 없구나. 그렇다면 내가 시키는 대로하라. 너희는 이 땅에서 나는 제일 좋은 과일과 꿀과 향료와 몰약과 밤과 아몬드 등을 선물로 가지고 가라. 그리고 돈도 두 배로 가져가 돌려주고, 아우도 데려가서 그 사람에게 보여주어라. 전능하신 하나님이 그 사람 앞에서 너희에게 자비를 베풀어 그 사람이 베냐민과 시므온을 보내주기를 빌 수밖에 없구나. 내가 자식을 잃는다면 잃을 수밖에."

형제들은 카나안 땅에서 나는 제일 좋은 과일과 각종 특산품들을 나귀에 싣고, 돈도 두 배로 가지고 베냐민과 함께 이집트로 내려가서 요셉을 찾아갔어. 요셉은 베냐민이 그들과 함께 있는 것을 보고 하인들에게 명령을 내렸다.

"여봐라! 이 사람들을 내 집으로 안내하고, 살찐 짐승을 잡아 식사준비를 하도록 하여라. 내가 일을 끝내고 집으로 가서 이 사람들과 함께 식사를 하겠다."

요셉의 하인을 따라 요셉의 집에 온 형제들은 두려움에 떨며 서로 수군거렸다.

"큰일 났다! 우리가 지난번 자루 속에 도로 넣어갔던 그 돈 때문에 여기로 끌려온 모양이다. 그가 우리의 나귀를 뺏고, 우리를 노예로 삼을 작정인 게지."

"그러게 말이야. 이일을 어쩌지? 일이 잘못되면 아버지에게 뭐라고 말씀 드리지?"

형제들은 걱정이 되어 애간장이 녹는 듯 했어. 그래서 요셉의 청지기에게 말했다.

"지난해 저희가 식량을 사러 왔을 때, 식량 자루를 가지고 가다가 여관에서 나귀에게 여물을 주려고 자루를 끌러보니 우리가 드린 돈이 고스란히 들어 있기에 혹시 잊고 그랬나 싶어 여기 그대로 가져왔습니다. 여기 식량을 살 돈도 새로 가져왔으니 보시오. 누가 이런 일을 했는지 저희는 모르는 일입니다."

"안심하고 두려워 마시오. 당신들의 하나님, 당신 조상들의 하나님이 그 돈을 당신들의 자루에 넣어주셨소. 당신들의 돈은 내가 이미 받았소."

청지기는 요셉의 지시대로 형제들을 안심시키고 시므온을 데려다 주었다. 시므온은 형제들을 보자 짜증부터 냈어.

"모두들 왜 이제 온 거야? 답답해서 죽을 뻔 했잖아!"

"미안해. 베냐민을 데려오느라 그런 거야. 고생 많았지?"

시므온은 1년이 다 되어서야 온 형제들에게 투덜댔다. 청지기는 먼 길을 온 형제들에게 더러워진 발을 씻도록 하고 나귀에게 여물도 주었다.

점심때가 되어 왕궁으로 갔던 요셉이 돌아왔어. 열 한 명의 형제들은 준비해온 선물을 들고 요셉 앞에 엎드려 공손히 절을 했다. 요셉은 그들에게 안부를 물었지.

"그래, 너희가 일전에 말했던 너희 아버지가 안녕하시냐? 아직도 살아계시느냐?"

"그러하옵니다. 우리 아버지는 여전히 건강하시며 아직도 살아계신답니다."

요셉이 눈을 들어 자기 어머니가 낳은 아우 베냐민을 보면서 물었다.

"이 아이가 내게 말했던 그 막내아우냐?"

"네, 네, 바로 우리 막내아우입니다요."

"얘야, 하나님께서 네게 은혜를 베푸시기 원하노라."

요셉은 자기 아우를 축복해 주면서 자기아우에 대한 사랑이 북받쳐 올라 눈물이 쏟아져 내려 급히 울 곳을 찾아 뛰어나갔어. 걸음마를 배울 때 헤어졌던 동생, 어머니를 쏙 빼닮은 베냐민이 다 큰 소년이 되어 눈앞에 선 것을 보니 가슴이 미어지는 듯했기 때문이었어. 그동안 아버지와 아우와 헤어져 지낸 날들을 생각하니 눈물이 비 오듯 했던 거지. 요셉은 자기 방으로 들어가 한참 동안 울고 나서 얼굴을 씻고 다시 나와 아무렇지도 않은 듯 눈물을 참고 음식을 차리라고 지시하였다.

요셉의 하인들은 요셉의 상을 따로 차리고 이집트인들 따로, 형제들의 상도 따로 차렸다. 이집트인들은 히브리인들과 한자리에서 음식을 먹지 않기 때문이었지.

그런데 이상한 것은 요셉이 형들을 장자로부터 막내에 이르기까지 태어난 순서대로 앉게 하는 게 아니겠니?

"정말 이상한데? 총리각하께서 우리 집 사정을 환히 알고 계시는 것 같아."

"그러게 말이야. 우리가족도 아닌데 어떻게 우리 형제들이 태어난 순서를 잘 알고 있지?"

형제들은 옆에 있는 형제와 소곤거리면서 총리가 정해주는 순서대로 앉았다.

"자, 먼 길 오느라 고생했을 텐데 많이들 드시오."

총리는 한술 더 떠 자기 손으로 직접 요리를 들어 형제들의 접시에 놓아주었어. 그런데 놀라운 것은 베냐민에게는 다섯 배나 많은 음식을 덜어주는 게 아니겠니?

"애야, 많이 먹어라! 이것도 좀 먹어봐!"

요셉은 오래 헤어져있던 아들을 만난 어머니가 자식에게 하듯 동생 베냐민이 너무 사랑스럽고 반가워서 하는 행동이었지만 형제들은 의아하기 짝이 없었단다.

"그 참, 이상하다…."

"총리각하께서 베냐민을 언제 봤다고 저렇게 반가워하는 거지?"

형제들은 그 광경을 보면서 정말 이상한 생각이 들었어. 시므온도 풀려났고 오해도 풀었으니 한층 마음이 느긋했지만 어쩐지 불안한 마음을 떨쳐버릴 수가 없었단다.

창세기 44장
용서하는 요셉

요셉과 형제들이 식사를 끝내자 요셉은 청지기를 따로 불러 명령했어.
"너는 이분들의 자루에 그들이 가지고 갈 수 있을 만큼 곡식을 채우고 각
사람의 돈도 자루에 넣어라. 그리고 제일 어린 자에게는 곡식을 다섯 배나
더 넣어주고 내 은잔을 그의 자루에 넣어 보내라."
"네, 총리 각하! 분부대로 거행하겠나이다."
아침이 되어, 청지기는 요셉의 지시대로 하여 형제들을 보냈어. 요셉의 형
제들이 성읍을 출발하여 아직 이집트 땅을 다 빠져나가지 못했을 즈음에 요
셉은 또 다시 청지기에게 명령했어.

"너는 어서 그들을 뒤따라가서 '너희가 어찌 선을 악으로 갚느냐? 내 주인
이 점치는데 쓰는 은잔을 훔쳐갔으니 너희가 악한 짓을 했다.' 고 말하라."

청지기는 요셉이 시키는 대로 그들을 따라가 그대로 했지. 형들은 기가 막
혔단다.

"뭐라고요? 어찌 그런 말을 하십니까? 우리는 결코 그런 짓을 하지 않았습
니다."

"우리가 지난해 우리 자루에 들어 있던 돈도 당신께로 다시 가져오지 않았
습니까? 그런데 어떻게 당신 주인의 집에서 은이나 금을 훔치겠습니까?"

"만일 우리 중에 누구에게서 은잔이 발견되면 그는 죽을 것이요. 또한 우
리 모두 당신의 종이 되어도 좋습니다."

"그럼, 이렇게 하시오. 당신들의 말대로 그것이 발견되는 사람은 나의 종이 될 것이요, 다른 사람에게는 책임을 묻지 않겠으니 돌아가도 좋소."

그들은 얼마든지 보란 듯 자루를 활짝 열어보였어. 청지기가 은잔을 찾는 척하고 가장 나이 많은 사람의 자루부터 시작하여 어린 베냐민의 자루까지 뒤지니 베냐민의 자루에서 은잔이 나왔어. 열한 명의 형제들은 비명을 지르며 옷을 찢었단다.

"아아! 이게 또 무슨 날벼락인가? 하필이면 왜 베냐민의 자루에서 은잔이…"

형제들은 나귀에 곡식자루를 싣고 얼굴이 죽은 사람처럼 되어 성읍으로 다시 돌아왔어. 유다와 그의 형제들이 요셉의 집에 도착하니 요셉은 대궐에 나가지 않고 아직 집에 있었어. 일행은 요셉 앞에서 땅에 엎드렸지. 요셉은 짐짓 무서운 얼굴로 그들을 꾸짖었단다. 그들이 어떻게 나오는지 시험해보기 위해서였지.

"너희가 대체 왜 그런 짓을 저질렀단 말이냐? 내가 점을 잘 치는 줄 몰랐더냐?"

"우리가 무슨 말을 하겠습니까? 우리의 하나님께서 종들의 죄를 발견하셨으니 저희 결백을 증명해보일 길이 없습니다. 우리 모두는 당신의 종이 되겠습니다."

"그럴 필요까진 없다. 내 잔을 훔쳐간 자만 내 종이 되고 나머지는 돌아가라."

그때, 유다가 나서서 요셉에게 다가가 눈물로 애원했단다.

"오! 주여, 노하지 마시고 제게 한 말씀만 드리게 하여 주십시오. 지난해 총리께서 저희에게 부친이 계시느냐, 동생이 있느냐고 물으시기에 그렇다고 말씀드리지 않았습니까? 또 당신께서 저희 동생을 데려와서 대면하라 하시기에 데려왔습니다. 그 때도 아비는 죽어도 못 보낸다고 하시는 것을 제 목숨을 담보로 데려온 것입니다. 이 아이는 우리 아비의 목숨이나 다름없기 때문입니다. 그 어미에게서 난 그의 형은 잃어버렸고, 이 아이만 남았기로 아비가 목숨처럼 사랑하는 아이입니다. 아이가 돌아가지 못하면 아비는 돌아가시고 말 것입니다. 이 아이 대신 제가 종이 되겠사오니 부디 아이는 형제들과 함께 아비에게로 돌려보내 주소서. 제발 이렇게 빕니다."

요셉은 유다가 눈물을 흘리며 진심으로 하는 말을 더 듣고 있을 수가 없었어. 요셉은 쏟아지는 눈물을 감당하지 못하고 큰 소리로 부르짖었단다.

"너희들은 모두 물러가거라!"

종들과 경호원들은 어쩔 바를 모르고 서로를 쳐다보며 머뭇거렸어. 유다와 땅에 엎드린 형제들은 이제 끝장이구나 싶어 천지가 무너지는 것 같았지.

"뭘 꾸물거리느냐? 여기서 나가라고 하지 않느냐!"

또다시 소리치는 요셉의 고함소리에 경호원들과 종들이 황급히 물러가고 요셉과 형제들만 남았어. 요셉은 한 참 동안 온 동네가 떠나가라 큰소리로 울고 나서 형들에게 자신의 정체를 밝혔단다.

"형님들! 내가 요셉입니다. 절 알아보시겠습니까?"

그러나 형들은 어리둥절하여 꿀 먹은 벙어리처럼 아무 말도 할 수 없었어. 총리가 또 무슨 연극을 꾸미는가 싶어 불안하기만 했지. 요셉은 다시 형들에게 말했단다.

"형님들, 제발 이리 가까이 오세요. 제가 바로 형님들이 이집트에다 팔아 버렸던 당신들의 동생 요셉이란 말입니다. 이젠 형들이 저지른 일에 대해

괴로워하거나 슬퍼하지 않으셔도 됩니다. 하나님께서 우리의 생명을 보
존하시기 위해 저를 앞서 이곳에 보내신 것이니까요. 2년 동안 기근이 들
었지만 앞으로도 5년 동안은 곡식한 톨 얻을 수 없을 것입니다. 그러므로
내가 이 나라에 와서 총리가 된 것은 형들이 아니라 하나님께서 하신 일입
니다. 주께서 나를 왕의 조언자가 되게 하시고, 이집트 땅을 다스리는 총
리가 되게 하셔서 이 혹독한 가뭄에서 우릴 구하신 겁니다."

요셉의 말을 듣는 형제들은 너무 놀라 벌어진 입을 다물지 못했어. 요셉은
말을 계속했다.

"형님들! 속히 아버지께로 가서서 제가 하는 말을 전해드리고 아버지와

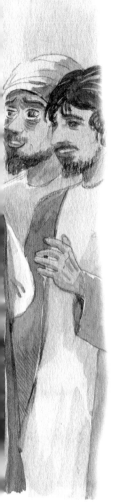

우리 집안의 모든 식솔들을 다 거느리고 이곳으로 내려오세요. 이 땅에 거하실 처소를 마련해 드리겠습니다. 아직도 5년이나 기근이 남았으니 이젠 제가 아버지와 형님들을 봉양하겠다고 전하십시오. 보세요! 당신들의 눈이 보고, 내 아우 베냐민의 눈앞에서 말하는 이 입은 당신들의 동생 요셉의 입입니다. 내가 이집트에서 누리는 이 모든 영광을 형님들 눈으로 보지 않았습니까? 아버지께 본대로 말씀드리고 아버지를 속히 모셔오도록 하세요."

"아이구, 요셉아! 이게 꿈은 아니겠지? 네가 정녕 요셉이란 말이냐? 어디보자."

그제야 요셉이 틀림없다는 것을 알고 형제들은 달려가서 서로를 부둥켜 안고 큰 소리로 엉엉 울었어. 요셉은 베냐민을 안고 맘껏 통곡하고, 형들과도 일일이 입을 맞추며 그들을 껴안고 울었지.

요셉의 집에서 나는 울음소리는 왕궁에까지 들렸단다. 요셉이 어릴 때 헤어졌던 가족들과 만나는 중이라는 소식을 듣고 이집트 왕과 신하들이 달려왔지.

"총리의 가족이 살아 있다니 거 참 잘 된 일이로다. 그대의 형제들에게 수레를 보내어 아버지와 가족들도 마저 싣고 오게 하라. 내가 이 나라에서 제일 좋은 땅에서 살게 해주고, 이 땅에서 나는 기름진 것을 먹고 살게 해주겠노라. 그곳의 살림살이는 다 버리고 오라고 하라. 이집트의 온갖 좋은 것이 그들의 것이 될 테니…."

왕은 매우 기뻐하며 요셉에게 화려한 수레를 내주어 모든 가족들을 싣고 오게 했어. 요셉은 형제들에게 좋은 수레와 길에서 먹을 양식까지 주어 돌려보냈지. 그들 모두에게 가면서 갈아입을 좋은 옷 한 벌 씩을 주고, 베냐민에게는 다섯 벌이나 주었지. 또 아버지께 보내는 선물로 수나귀 열 마리에 이집트의 가장 값진 것을 싣고, 암나귀 열 마리에는 아버지가 이집트로 오며 먹을 길양식과 음식들을 실려 보냈어. 요셉은 형들이 가면서 지난일로 다툴까 봐 다투지 말라는 당부까지 했어.

요셉의 형제들이 집에 도착해 아버지 앞에 그간의 있었던 일을 모두 말했어. 요셉의 이야기를 들은 야곱은 또다시 놀라 온몸이 휘청거렸단다.

"믿을 수 없는 일이다. 22년이나 지난 이 마당에 요셉이 살아있다는 게 말이 되느냐? 너희가 쓸데없이 옛날 일을 끄집어내어 이 아비 속을 또 뒤집으려는 게냐?"

"아닙니다. 아버지! 요셉은 분명히 살아있었고, 그가 이집트 왕 다음으로 높은 국무총리가 되어 왕을 대신하여 이집트를 다스리고 있었습니다."

"맞아요. 정 못 믿으시겠다면 이것 보세요. 이집트 왕이 아버지를 모셔오라고 수레를 보냈다니까요. 요셉이 아버지께 드리는 선물도 있어요."

화려한 수레와 암수나귀 스무 마리에 실린 선물을 보고나서야 야곱은 요셉이 살아있다는 말이 참말인 줄 알고 정신이 번쩍 들었다. 야곱은 새로운 힘이 솟았어.

"오오, 요셉이 죽지 않고 살아있다니! 이 모든 것이 하나님의 은혜다. 이젠 더 이상의 소원이 없구나. 죽기 전에 가서 요셉을 만나야겠다. 얘들아! 어서 이집트로 갈 채비를 하여라."

야곱은 이집트로 떠날 결심을 하고 모든 가족들도 함께 떠나도록 명령했다.

창세기 46-47장

이집트로 내려간
야곱 가족

　야곱은 가족들과 그동안 카나안 땅에서 모은 소유물과 가족들을 거느리고 브엘세바로 갔다. 그 곳에서 제단을 쌓고 하나님께 희생제를 드렸어. 그랬더니 하나님께서 한밤중에 환상 가운데 나타나셔서 말씀하셨어.

　"야곱아, 나는 네 아비 이삭의 하나님이다. 이집트로 내려가기를 두려워하지 말라. 내가 그 곳에서 너로 큰 민족을 이루게 하고, 내가 너와 함께 이집트로 내려갈 것이다. 그 곳에서 요셉이 네 눈을 감기겠지만, 반드시 널 다시 데리고 올라오겠다."

야곱은 하나님께서 함께 가주시겠다는 말씀을 듣고 마음 놓고 길을 떠났어. 야곱의 아들들은 이집트 왕이 보낸 수레에다 어린 아이와 여자들을 싣고 모든 일족과 함께 이집트로 갔다. 그 때 이집트로 들어갔던 야곱의 가족들 66명에다 요셉의 가족 넷을 더해 야곱의 집안사람이 모두 70명이나 되었다.

야곱은 유다를 앞서 보내어 자기들이 살 땅을 안내해 달라고 부탁했어. 요셉은 유다에게 고센으로 가는 길을 가르쳐주고, 자신도 화려한 총리의 병거를 갖추어 타고 고센으로 가서 아버지 앞에 모습을 드러내었다. 요셉은 아버지를 보자 달려가서 목을 껴안고 한참 동안을 서럽게 울었다.

"아버지! 아들 요셉이에요. 이렇게 살아계시는 모습을 뵙다니 꿈만 같습니다."

"내 아들 요셉아, 이게 꿈이냐? 생시냐? 이제 네 얼굴을 보았으니 이 아비는 지금 죽어도 여한이 없다. 그래, 네가 어찌 이렇게 훌륭하게 되었더란 말이냐?"

"아버지, 이 모든 것이 하나님께서 인도하신 일입니다. 이제 가서 아버지와 형제들이 오신 것을 왕께 말씀드리겠습니다. 그리고 우리 가족은 목자들이어서 모든 가축들을 끌고 왔다고 하겠으니 직업이 뭐냐고 물으면 어릴 때부터 가축을 기르는 일을 했다고 대답하시면 될 것입니다."

"이곳은 우리가 살기에 안성맞춤이구나. 가축을 기르기도 좋겠고…."

"그렇지요. 기름진 고센 땅에 거하시는 게 여러 가지로 좋을 것입니다. 이집트 사람들은 가축을 기르는 목자를 싫어하니 성읍에서 떨어진 이곳이 좋을 것입니다."

오랫동안 헤어져 있던 아버지를 눈물로 맞이한 요셉은 아버지와 나머지 가족을 고센 땅에 기다리게 했다. 그리고 다섯 명의 형제들을 데리고 왕궁으로 돌아와 왕에게 형제들을 소개했단다.

"여기 제 형제들이 파라오께 문안 인사드리옵니다. 아비와 식솔들도 모든 소유를 이끌고 카나안에서 올라왔나이다. 하온데 그들의 소떼와 양떼가 너무 많아 이곳까지 오지 못하고 지금 고센 땅에 머무르고 있습니다."

"오오, 잘 왔도다. 그대들의 직업이 무엇이뇨?"

"예, 폐하! 폐하의 종들은 조상대대로 양을 치는 목자들이옵니다. 하온데 카나안 땅에 기근이 너무 심하여 더 이상 양떼를 먹일 초장이 없어 이 땅으로 살러 왔나이다. 하오니 저희로 고센 땅에서 살게 해 주소서."

"총리! 이 땅이 모두 그대 손안에 있지 않느냐? 그대의 가족들을 이집트에서 가장 기름진 고센 땅에 살도록 해 주어라. 그리고 형제 중에서 일 잘하는 사람이 있으면 그들로 내 가축을 돌보는 관리로 삼겠노라."

"파라오여! 만세수를 하옵소서. 왕의 은혜가 하해와 같사옵니다."

요셉은 왕의 명령대로 가족들을 고센 땅 라메세스에서 살도록 했지. 그리고 양식과 모든 것을 풍족하게 누리면서 아무 걱정 없이 살게 해주었단다.

가뭄은 갈수록 심해졌어. 이집트 땅이나 카나안 온 땅이 말라서 곡식 한 톨 거둘 수 없었지. 백성들은 돈 될 만 한 것은 모두 팔아서 양식을 사는 일에 써야했어. 모두가 그렇게 하니 이집트와 카나안 부근의 돈들이 모두 요셉에게로 들어왔다. 요셉은 그 돈을 왕의 국고에 넣어 백성들의 돈이 모두 왕의 수중으로 들어가도록 했지. 한 해가 지나고 돈도 바닥이 나자. 백성들은 또다시 요셉을 찾아와 말했다.

"우리는 이제 돈도 바닥나고, 양식도 없습니다. 그렇지만 우리가 당신의 눈앞에서 모두 죽어야 하겠나이까? 우리에게 양식을 주소서. 제발 우릴 살려주소서."

"돈이 바닥났으면 너희 가축을 가져오라. 가축을 양식과 바꾸어 주겠다."

그리하여 이집트 사람의 소떼와 양떼와 나귀들을 요셉 앞으로 몰고 와 양식을 바꾸어 갔다. 그 해가 끝나자 사람들은 또다시 와서 말했다.

"이제 우리에게 남은 거라고는 목숨과 땅밖에 내 놓을 것이 없나이다. 저희 목숨이 그냥 굶어 죽겠습니까? 우리와 우리 땅을 사시고 우리에게 양식을 주소서. 우리가 파라오의 종이 되겠나이다. 제발 우리에게 양식과 씨앗을 주시고 살려주소서."

요셉은 이집트 땅을 모조리 사서 왕에게 바쳤어. 그리고 백성들에게는 양식과 씨앗을 나누어 주며 말했단다.

"이제 너희는 파라오의 소유다. 여기 이 씨앗으로 씨를 뿌려 농사를 지으라. 그리하여 추수 때가 되면 오분의 일을 파라오에게 바치고 나머지는 너희가 먹어라."

"오! 총리각하께서 우리의 생명을 구해 주셨으니 오늘부터 저희는 각하와 파라오의 종이 되겠나이다."

요셉은 그것을 이집트의 법으로 만들어 오늘날까지 지켜오게 되었단다.

십칠 년의 세월이 흘렀어. 야곱의 가족들은 고센 땅 라메세스에 살면서 재산이 점점 불어나고 후손들도 수없이 태어나 엄청난 무리를 이루었어. 야곱의 나이 어언 147세가 되었지. 야곱은 죽을 때가 가까워 오자 요셉을 불렀어. 요셉은 아버지가 부르신다는 기별을 듣고 헐레벌떡 달려왔지. 병이 깊어 자리에 누운 야곱은 요셉에게 자신이 죽은 후의 일을 부탁했다.

"요셉아! 네게 부탁한다. 날 이집트 땅에 묻지 말고 내 조상의 땅으로 데려가 조상들 곁에 눕혀다오. 내 말대로 하겠다고 넓적다리 밑에 네 손을 넣어 맹세해라."

"아버지, 걱정 마십시오. 꼭 아버지의 말씀대로 하겠습니다."

요셉이 맹세하자 야곱은 죽어가는 몸을 억지로 몸을 일으켜 하나님께 경배
했다.

창세기 48-49장
야곱의 축복 기도

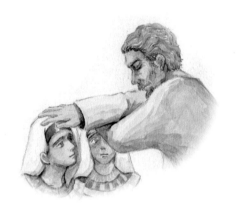

　그 후, 얼마 지나지 않아서 아버지의 병이 위독하다는 기별이 왔어. 요셉은 두 아이들을 데리고 급히 고센 땅으로 달려갔다. 다른 형제들도 이미 모여 있었지만 죽음을 코앞에 둔 야곱은 요셉이 오기만을 기다리고 있었지.

　"아버님, 저 요셉입니다. 아버님의 손자들을 데리고 왔습니다."

　"오오, 내 아들 요셉아, 어서 오너라."

　야곱은 요셉이 왔다는 말에 간신히 힘을 내어 일어나 앉아 요셉을 맞이했어. 그리고 자신이 걸어온 지난날의 이야기를 시작했단다.

　"애야, 나는 이 땅에서 147년을 살아왔다. 그런데 이제 내가 조상들에게로 돌아갈 날이 가까웠구나. 마지막으로 네게 할 말이 있으니 들어다오. 전능하신 하나님께서 카나안 땅 루스에서 내게 나타나셔서 나에게 복주시고 말씀하시기를 '보라, 내가 너를 다산하고, 번성케 하여 많은 백성을 이루게 하고, 이 땅을 네 뒤에 올 네 씨에게 주어 영원소유가 되게 할 것이다.'라고 하셨다. 내가 이곳에 오기 전 낳은 너의 두 아들은 나의 소유가 될 것이다. 그 후에 낳는 아들은 너의 소유로 하여라. 에프라임과 므낫세는 르우벤과 시므온을 대신하여 이스라엘의 유업을 물려받을 것이다. 널 낳은 어미 라헬은 내가 하란에서 돌아올 때, 에프랏 길에서 베냐민을 낳다가 죽었느니라. 그래서 베들레헴에다 장사했다."

야곱은 사랑하는 라헬을 꼭 빼닮은 요셉을 바라보니 아름답고 사랑스러운 아내 라헬이 눈앞에 온 듯하여 눈물이 주르르 흘러내렸어. 그때, 청년이 다된 므낫세와 에프라임이 들어왔어. 이미 눈이 어두워 아무것도 분간 못하는 야곱이 물었지.

"얘야, 저 애들이 누구냐?"

"아버님, 이 아이들은 하나님께서 이곳에서 내게 주신 아이들입니다."

"오오, 그 아이들을 가까이 데려오너라. 내가 그들을 축복해 주겠다."

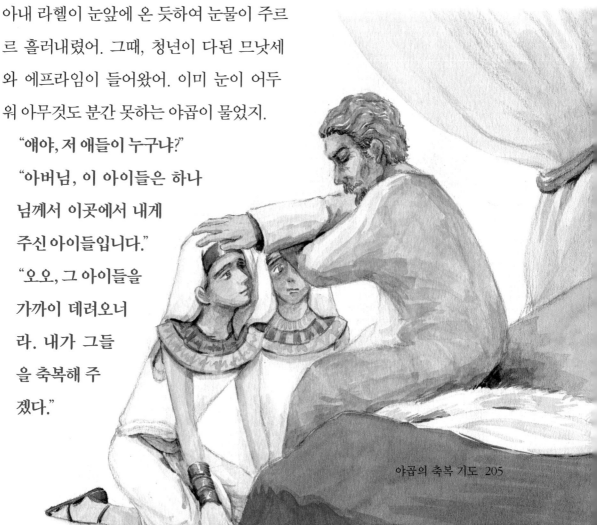

요셉이 아이들을 아버지에게로 데려다주니 두 아이가 땅에 엎드려 절을 했다. 야곱은 손자들을 안고 입 맞추고, 그들을 안고 요셉에게 말했어.

"내가 네 얼굴을 보지 못할 거라고 생각했었는데, 하나님께서 네 씨까지 보여주시다니! 이런 복이 또 어디 있겠느냐?"

요셉은 두 아들을 데려가 아버지의 오른손이 므낫세를 향하게 하고 에프라임을 왼손에 향하도록 앉혀놓았다. 그러나 야곱은 일부러 손을 바꾸어 오른손을 빼어 에프라임의 머리위에 향하고 왼손을 므낫세 머리에 얹었어. 므낫세도 할아버지의 왼손을 받아들였지. 야곱은 먼저 요셉을 축복하고 기도를 시작했어.

"내 조상 아브라함과 이삭의 하나님! 나의 온 생애동안 나를 키워주신 하나님 아버지! 모든 악에서 나를 구해주신 그 천사가 이 아이들에게 축복해주시고, 내 이름과 조상의 이름이 그들 위에 불리어지게 하시며, 그들로 땅에서 번성케 하소서."

한참 후, 요셉은 아버지가 오른손을 에프라임에게 얹고 있는 걸 보았어. 그래서 아버지의 손을 들어 에프라임의 머리에서 므낫세의 머리위로 옮겨주며 말했지.

"아버지, 이 아이가 장자이오니 오른 손을 므낫세에게 얹어주시지요."

그러자 아버지가 거절하면서 말했단다.

"나도 안다, 아들아! 므낫세도 역시 한 백성이 될 것이며, 그도 역시 크게 될 것이다. 그러나 아우가 형보다 더 크게 되고 그의 씨가 수많은 민족을 이룰 것이다. 이스라엘 사람들이 축복을 빌 때, 네 안에서 축복하며 말하기를 '하나님이 너를 에프라임 같고, 므낫세 같게 하시기를 원하노라.' 하리라."

야곱은 여전히 에프라임의 머리에 오른손을 얹은 채 요셉이 낳은 두 아들에게 족장의 축복을 해주었단다. 믿음의 조상들은 하나님께서 그들의 입에 예언의 말을 넣어주셨기 때문에 그들이 해 주는 축복기도는 곧 하나님의 축복을 받는 것이나 다름없는 거란다.

야곱은 에프라임을 앞에 세워 복을 빌고 난 뒤 요셉에게 마지막 당부를 했지.

"요셉아, 나는 이제 죽지만 하나님께서 너희와 함께 하시어 너희를 너희 조상의 땅으로 데려가실 것이다. 내가 너에게 네 형제들 보다 유산을 한 몫 더 주었다."

야곱은 나머지 아들들도 불러들여 일일이 축복해주었다.

"내 아들들아, 지금부터 내가 죽은 후 너희 앞에 닥칠 일들을 예언하겠다. 야곱의 아들들아. 내게 귀를 기울이라. 르우벤아, 너는 나의 장자요, 나의 능력이며, 내 힘의 시작이고, 뛰어난 능력을 가졌지만, 물처럼 불안해서 뛰어난 사람이 되지 못할 것이다. 네가 아비의 침상을 더럽혔기 때문이다. 시므온과 레위는 형제간이요, 고집 세고 칼을 품은 잔인한 사람이라. 사람을 죽이고 남의 것을 빼앗았으므로 혹독한 저주를 받을 것이다. 나는 그들의 범죄에 무죄하니, 내가 그들을 야곱의 집에서 나누고 이스라엘 가운데서 흩어버리리라. 유다야, 너는 네 형제들이 찬양할 자다. 네 손이 원수들의 목을 쥘 것이요. 네 아비의 아들들이 네 앞에 절하리라. 너는 사자새끼 같구나. 네가 먹이를 놓고 올라갔으니 네가 몸을 구부리고 웅크림이 사자 같으니, 누가 너를 성나게 하리요. 홀이 유다에게서 떠나지 않으리니, 실로가 올 때까지 그 발 사이에 입법자가 있을 것이요. 수많은 백성들이 모여들리라. 그의 나귀는 포도나무에 매고, 그의 옷들을 포도주로 빨 것이다."

르우벤과 시므온, 레위는 나쁜 짓을 저질러 복을 얻지 못하고 저주를 받았다.

그러나 유다의 후손 중에서는 왕이 나올 것이라고 예언을 했지. 그 왕은 실로(평화의 왕)요. 아브라함 때부터 약속했던 '씨'였으며 '별'이었고 '홀'이었으며, 또 '반석'이며 '목자', '돌' 등으로 불리는 그리스도가 태어나실 것을 예언한 것이었다. 야곱은 나머지 아들들에 대한 축복기도를 계속했어.

"스불론은 바다의 항구에서 살며 많은 배가 오가는 항구가 될 것이다. 시돈의 항구까지 그가 다스리리라. 잇사칼은 짐 사이에 앉은 튼튼한 나귀 같으니, 그는 휴식을 달게 여기고 어깨를 낮춰 짐을 지는 종이 될 것이다. 단은 이스라엘 지파의 하나로 백성을 심판하리라. 단은 길가의 뱀이 되고 작은 독사가 되어 말의 뒷굽을 물어서 말 탄 자를 뒤로 넘어지게 하리로다. 갓은 군대가 그를 차지하겠으나 나중에는 그가 차지할 것이다. 아셀에게 나온 음식은 기름지겠고, 그가 왕의 음식을 바치리라. 납달리는 고삐 풀린 암사슴이어서 아름다운 말들을 하는구나. 요셉은 열매가 가득 달린 가지 같아라. 샘 곁에 서 있는 나무가 열매를 가득 달고 가지가 담 너머로 뻗칠 것이다. 활 쏘는 자들이 그를 미워하고 괴롭히지만, 요셉의 활은 더욱 강하고 그의 손과 팔은 야곱의 능하신 하나님의 손으로 더욱 강해졌으니, 거기서 이스라엘의 목자, 곧 돌이 나올 것이다. 네 아비의 하나님이 너를 도우실 것이요. 전능하신 분이 하늘 위의 복과 하늘 아래의 복과 젖가슴의 복과 태의 복을 네게 줄 것이다. 네 아비의 복들이 선조의 복들보다 훨씬 나아서 영원한 산들의 꼭대기까지 이르렀으니 많은 복들이 그 형제들에게서 떠나 요셉의 머리 위로 옮겨졌도다. 베냐민은 먹이를 찾아 나선 늑대 같으리니, 그가 아침에는 먹이를 삼키고 밤에는 뺏은 것을 나누리라."

열두 아들에 대한 축복기도를 모두 마친 야곱은 자신이 죽은 뒷일까지 부탁했어.

"얘들아, 너희는 내가 죽거든 부디 나를 내 조상들이 있는 카나안 땅, 마므레 앞 막벨라 굴에 장사지내 다오. 그 곳에는 나의 조부모 아브라함과 사라, 우리 부모 이삭과 리브카, 내 아내 레아도 그 곳에 장사지냈던 곳이니라."

야곱은 자신이 걸어온 삶의 길을 돌아보았어. 참으로 힘든 여정이었지. 철없던 시절, 브엘세바에서 팥죽 한 그릇으로 형 에서에게서 장자권을 얻어내어 아버지를 속이고 장자축복을 받은 일, 에서의 보복이 두려워 하란으로 도망하는 길 벧엘에서 꿈에 하늘 사다리를 본 일, 하나님을 만나 할아버지 아브라함과 아버지 이삭에게 하신 언약을 확답 받은 일, 하란에서 아내들과 많은 자식들을 얻고 돌아오는 중 마하나임에서 하나님의 군대를 본 일, 브니엘에서 하나님과 씨름하여 이겨 이스라엘이란 이름을 받은 일, 숙곳에 정착하려다가 세켐에서 디나가 납치당한 일, 다시 벧엘로 가서 그곳에 제단을 쌓고 하나님 앞에 새롭게 맹세하던 일, 베들레헴을 지나는 길에 사랑하는 아내 라헬이 베냐민을 낳다가 죽은 일, 헤브론으로 돌아오긴 했지만 사랑하는 어머니는 이미 돌아가시고 아버지 이삭도 죽고 요셉을 잃어버리는 기막힌 위기를 당한 일, 그 일로 인해 한없는 슬픔과 괴로움 끝에 다시 요셉을 만나 여생을 걱정 없이 살다가 마침내 조상들과 하나님 앞으로 가는 길이었지. 야곱은 더 이상의 미련이 없었어.

"아버지, 괴로운 일 다 잊고 이젠 편히 쉬소서."

야곱은 아들들의 작별인사를 들으며 두 발을 모으고 길게 호흡을 한 후 조용히 숨을 거두었다.

창세기 50장
요셉의 임종

야곱이 죽자 요셉은 서럽게 울며 아버지의 얼굴에 입맞춤을 했다. 그리고 의사들에게 아버지의 시신에 향 재료를 넣게 하였다. 그 일은 40일이나 걸렸지. 그러는 동안 상주인 야곱의 아들들과 이집트인들까지도 70일 동안이나 아버지를 위해 곡했단다. 곡하는 기간이 끝나자 요셉은 조문 온 왕의 신하들에게 말했다.

"당신들께 부탁이 있습니다. 내 아버지가 나로 맹세하게 하시며 유언하시기를 카나안 땅에 있는 조상들이 묻혀 있는 묘실에 자신을 장사해 달라고 하셨습니다. 하오니 파라오께 청하여 나로 우리 부친을 장사하고 오도록 여쭈어 주시기 바랍니다. 아버지를 장사하고 다시 이집트로 돌아오겠습니다."

왕의 신하들이 왕에게 요셉의 말을 전하자 왕은 쾌히 허락할 뿐 아니라 왕실의 신하들과 병사들까지 보내어 장례 일을 돕게 해 주었어.

요셉이 아버지를 장사하러가는 길에는 어마어마한 무리가 뒤따랐다. 아이들과 가축만 남겨두고 요셉의 온 집안 열두 아들이 앞서고, 그 뒤에는 파라오의 모든 신하들과 이집트 땅의 장로들이 병거를 타고 따랐다. 수많은 기병대들까지도 그 뒤를 따랐으니, 그만큼 어마어마한 장례행렬은 다시없을 정도였지. 그 엄청난 무리가 요단강 건너 아탓의 타작마당에 머물러 큰 소리로 슬피 울었어. 그래서 그 땅에 사는 카나안 사람들이 듣고 그 광경을 보고 그 땅을 '이집트인들의 슬픈 애곡'이란 뜻으로 '아벨미스라임'이라고 불렀단다.

요셉은 야곱의 아들들과 함께 아버지의 유언대로 아브라함이 매장지로 샀던 마므레 앞 막벨라 굴에 아버지를 무사히 장사했어. 그리고 아버지를 장사한 후에 함께 갔던 모든 사람들과 함께 이집트로 돌아왔다.

아버지가 죽은 후, 요셉의 형들은 옛날 요셉을 대상들에게 팔아버렸던 일이 아무래도 마음에 걸려 불안했단다.

"이제 아버지가 돌아가셨으니 요셉이 우리를 미워하여 옛날 우리들이 그에게 저질렀던 악한 짓에 대해 복수를 하려고 할지 몰라. 그러니 우리 이렇게 하자."

형들은 요셉에게 심부름꾼을 보내어 이렇게 말하라고 시켰어.

"당신의 아버지가 돌아가시기 전에 우리에게 명령하시기를 '너희는 요셉에게 이렇게 말하여라. 네 형들이 네게 악한 짓을 저질렀지만 부디 그들의 허물과 죄를 용서해주어라.'고 하셨습니다. 그러니 당신 아버지의 낯을 보아서 저희들의 허물을 용서해주소서."

하고 말이야. 그 말을 듣고 요셉은 기가 막혀 눈물이 앞을 가렸단다. 형들이 아직도 자신을 믿지 못하고 두려워하고 있다는 사실이 너무 서글펐지. 형들은 그것만으로도 부족하여, 요셉에게 찾아와 그의 앞에 엎드려 빌기까지 했어.

"총리각하! 우리는 당신의 종들입니다. 부디 우리가 저지른 지난 허물을 용서해 주시기 바랍니다."

"형님들! 왜들 이러십니까? 내가 하나님이라도 된단 말입니까? 형님들이 내게 나쁜 짓을 저질렀지만, 하나님께서 그 일을 선한 일로 바꾸셔서 오늘날처럼 많은 백성들을 살리도록 구원하셨다고 말씀드리지 않았습니까? 그러니 제발 절 두려워 마세요. 내가 당신들과 당신들의 가족을 모두 먹여 살릴 것이니 안심하시라고요."

요셉은 형들이 더 이상 자신을 겁내지 않도록 다정한 말로 그들을 안심시켜 주었어. 그제야 형들은 요셉의 진심을 알고 마음 놓고 이집트에서 살게 되었단다.

요셉이 그의 가족들과 함께 이집트에 산 지도 오랜 세월이 흘러갔어. 요셉의 나이 어느덧 110세에 이르렀지. 요셉은 에프라임의 자손 삼대까지 보았으며, 므낫세의 아들 마킬의 자손까지도 자신의 슬하에서 길러주었다.

요셉은 죽을 날이 가까워오자 형들과 동생을 불러 말했단다.

"형님들! 나는 아무래도 당신들보다 일찍 죽을 것 같습니다. 내가 죽고 없더라도 제 말을 명심하십시오. 후일, 하나님께서는 반드시 당신들을 찾아오실 것입니다. 그리고 당신들을 아브라함과 이삭과 야곱에게 맹세한 그 땅으로 데려가실 것입니다. 그러니 부디 형님들은 이스라엘 자손이라는 사실을 잊지 마시기 바랍니다."

하고 말했어. 또 자신의 아들과 손자들에게도 유언을 남겼단다.

"애들아! 너희는 하나님의 이름에 걸고 맹세하여라. 훗날에 하나님께서 꼭 너희를 찾아오실 테니 그 때, 너희가 이스라엘로 돌아갈 때 내 뼈를 여기서 옮겨 약속의 땅으로 데려가 주겠다고 말이다."

"네, 걱정 마십시오. 꼭 아버님의 유언대로 하겠습니다."

그리하여 요셉이 죽자 그의 아들과 자손들은 요셉의 시신에 향 재료를 넣고 잘 보관해 두었단다. 언젠가 이스라엘 민족이 고향 땅으로 돌아갈 때 옮겨가기 위해서였지.